国学经典

戴庞海 阎睿 周媛 注译

兵经百字

唐李问对

中州古籍出版社

·郑州·

图书在版编目（CIP）数据

兵经百字　唐李问对 / 戴庞海，阎睿，周媛注译 . —郑州：中州古籍出版社，2010. 4（2023. 7 重印）

（国学经典）

ISBN 978-7-5348-3341-0

Ⅰ. ①兵…　Ⅱ. ①戴… ②阎… ③周…　Ⅲ. ①兵经 - 注释 ②兵经 - 译文 ③唐李问对 - 注释 ④唐李问对 - 译文　Ⅳ. ① E892.42

中国版本图书馆 CIP 数据核字（2010）第 059981 号

BINGJING BAI ZI

兵经百字

出 版 人　许绍山
策划编辑　赵建新
责任编辑　高　媛
责任校对　苏晓园
美术编辑　曾晶晶

出 版 社　中州古籍出版社（地址：郑州市郑东新区祥盛街 27 号 6 层 邮编：450016　电话：0371-65723280）
发行单位　河南省新华书店发行集团有限公司
承印单位　辉县市伟业印务有限公司
开　　本　640 mm × 960 mm　1/16
印　　张　11.5
字　　数　130 千字
印　　数　25 001—28 000 册
版　　次　2010 年 4 月第 1 版
印　　次　2023 年 7 月第 7 次印刷
定　　价　15.00 元

目 录

兵经百字

唐李问对

兵经百字

前 言

《兵经百字》，又称《兵镜百篇》、《兵法百言》、《兵经百篇》、《兵略》、《揭子兵书》、《兵法圆机》等，是揭暄所作。《兵经百字》全书共一百字，分为智部、法部、衍部（一说为术部，“衍”乃“術”之误）三部分。这本书名气虽比不上《孙子兵法》，但却是《孙子兵法》的补充和发展，很值得一读。

揭暄，字子宣，清初江西广昌人。《揭暄父子传》称他：“少负奇气，喜论兵，慷慨自任。独闭门户精思，得其要妙，著为《兵经》、《战书》，皆古所未有。”他还深明西方算学，著有《璇玑遗述》（一名《写天新语》）等。清军攻陷南京之后，揭暄与父衷熙举兵奋起抗清。后来，清兵攻占福建，揭暄遂归隐山林，最后郁郁而终。

《兵经百字》的三部分中，上卷智部，主讲谋计的方法原则，共收 28 字，即：先、机、势、识、测、争、读、言、造、巧、谋、计、生、变、累、转、活、疑、误、左、拙、预、迭、周、谨、知、间、秘。中卷法部，主讲组织指挥和治军的方法原则，共收 44 字，即：兴、任、将、辑、材、能、锋、结、驭、练、励、勒、恤、较、锐、粮、住、行、移、趋、地、利、阵、肃、野、张、敛、顺、发、拒、撼、战、搏、分、更、延、速、牵、勾、委、镇、胜、全、隐。下卷衍部，主讲作战应注意的问题，共收 28 字，即：天、数、辟（一作闭)、妄、女、文、借、传、对、蹙、眼（一作目)、声、挨（一作捱)、混、回、半、一、无、影、空、阴、静、闲、威、忘、由、如、自（一作藏)。

《兵经百字》是一部理论性较强的兵书。它继承了古代优秀军事思想，但并不拘泥于前人兵法思想的影响，而是结合作者自己的研读心得和清代的军事实践，把各种兵法思想观念和作战方法的精华融会贯通后纳入到相应的类别中，并用当时较为通俗的语言进行阐发，对一些问题提出了自己的看法。

在战争观方面，《兵经百字》提倡先发制人。因此便以“先”字作为篇首，强调了先发制人的四种境界，即：“先声”、“先手”、“先机”、“先天”。这种对先发制人的强调，体现了在战争中积极进取的强烈竞争意识，对人们应付现代社会的竞争也有指导意义。《兵经百字》提倡朴素的军事辩证法思想，力主灵活用兵。他在书中用“生”、“变”、“累”、“转”、“活”、“左”等字条，从各个方面阐发了变与常的辩证关系。这在军事哲学中具有进步倾向。同时，《兵经百字》中对术数持完全否定的态度，认为战争的胜负完全取决于人，而不是取决于天命。

《兵经百字》思想内容比较丰富，作者既借鉴、继承前人的精要处，又能独到、别致地将其加以总结发展，推陈出新，而且不杂抄硬拼，语言也比较简练，是清代的一部重要兵书，具有一定军事学术价值，在清代后期有较大影响。

《兵经百字》初以抄本传世，后被贺长龄、魏源收入《皇朝经世文编》，李鸿章收入《兵法七种》刊行。光绪年间浙江学堂教员侯荣逐字释义，并引战例相参证，于光绪三十四年（1908）由齐国璜整理出版。民国年间又有多种铅印本行世。本书在译校的过程中，主要参考了广西民族出版社的《兵经百篇》和伊力等编写的《兵家智谋全书》(中州古籍出版社 2000 年版）等著作。

上卷智部

先　机　势　识　测　争　读
言　造　巧　谋　计　生　变
累　转　活　疑　误　左　拙
预　迭　周　谨　知　间　秘

目略撮言[①]

据[②]兵之先,唯机与势。能识测而后争乃善。可不精读兵言以造于[③]巧乎？至于立谋设计，则始而生，继而变，再而累，自是为转为活，为疑为误，无非克敌之法，不得以，乃用拙。总之，预布叠筹，以底乎周谨，而运知行间，乃能合之以秘也。

[注释]

①目略撮（cuō）言：目，纲目。略，大体。撮，原指用指抓取，此处撮言意为摘要。②据：原指抓住，此处意为掌控。③造于：达到。

[译文]

要掌握战争的主动权，关键在把握战机与形势。能够认识、探测敌情，其后的争战才会顺利。哪有能不读兵书就能达到巧妙用兵的境地的？至于说到筹划计谋，在开始的时候要依据时情制订，并随着情况的变化而变化，而且，要根据敌我的攻防情况使计谋层出不穷，并寻求机会转变敌我形势，灵活作战，适度地保持警惕，使敌人迷惑失误，这些都是克敌制胜的方法，而在不得已的时候，也可用旁门左道和假装愚拙之法。总之，战前要预先准备、部署，使筹划方案相继而出，尽可能做到周全谨慎，同时充分了解敌情，借机挑拨离间，并将上述种种配合严格地保密。

先

兵有先天，有先机，有先手，有先声。师之所动而使敌谋沮抑，能先声也；居人己之所并争，而每早占一筹，能先手也；不倚薄击①决利，而预布其胜谋，能先机也；以无争止争，以不战弭②战，当未然③而浸消之，是云先天。先为最，先天之用尤为最，能用先者，能运全经矣。

［注释］

①薄击：薄，迫近。薄击指短兵相接。②弭：停止，消除。③然："燃"之本字。

［译文］

用兵讲求先天、先机、先手、先声。军队始出就能使敌人的计谋受阻，这是"先声"。处于敌我相持之中，但能每每占据优势，这是"先手"。不依靠短兵相接一决胜负，而是预先部署好胜算在握的谋略，这是"先机"。不用交战就能制止争战，用非武力的方式消除武力的争夺，在战火处于萌芽时即将其浇灭，这说的正是"先天"。用兵作战，最重要的是先发制人，而这其中先天又是关键中的关键，谁掌握了先发制人的诀窍，谁就能够运用《兵经》一书中的全部方法了。

机

势之维系处为机，事之转变处为机，物之紧切处为机，时之凑合①处为机。有目前即是机，转瞬即非机者；有乘之即为机，失之即无机者。谋之宜深，藏之宜密。定于识，利于决。

［注释］

①凑合：凑巧，适逢。

［译文］

与作战形势密切相连的是战机，战事的转折点是战机，战事所处的紧要关头是战机，时间上准确无误是战机。有的时候，在目前属于战机，转瞬间就不再是战机了；有的时候，抓住它即是战机，失去它则不是战机。军事谋略应当深远，对谋略亦须严格保密。丰富的知识有助于对战机的判断、把握，果决的态度有助于战争的胜利。

势

猛虎不据[①]卑[②]址，勍[③]鹰岂立柔枝[④]？故用兵者务[⑤]度势。处乎一隅，而天下摇摇莫有定居者，制其上也。以少邀[⑥]众，而坚锐[⑦]阻避莫敢与争者，扼其重也。破一营而众营皆解，克一处而诸处悉靡[⑧]者，撤其恃[⑨]也。阵不俟[⑩]交合，马不及鞭弭[⑪]，望旌[⑫]旗而踉跄[⑬]奔北者，摧其气也。能相地势，能立军势，善之以技，战无不利。

［注释］

①据：居，处。②卑：低下。③勍（qíng）：强劲。④柔枝：始生柔嫩的枝条。⑤务：务必。⑥邀：阻击，堵截。⑦坚锐：坚硬的铠甲，锐利的武器。此处代指精兵。⑧靡：倒下，归顺。⑨恃：依仗，依赖。⑩俟（sì）：等待。⑪弭：原指弓两端的弯曲处，此处代指弓。⑫旌：竿头缀有牦牛尾、下有彩色羽毛为饰的旗子。此处泛指旗子。⑬踉跄：落荒而逃，行路不稳状。

［译文］

凶猛的老虎不会以低洼的地方为居所，苍劲的雄鹰怎会立于柔嫩的树枝之上？因此统兵作战的将领务必审时度势。控制某个地方，整个天下动荡不安，没有人能安然处之，进而掌控全局，是因为掌握了战争的主动权。凭借少数兵力阻击众多敌军，敌军虽有众多精兵强将却受阻退守，不敢与我军争锋，是因为我方扼守了重要的险峻的地势。攻破敌军的一个营垒，其他敌营亦随之瓦解，攻克敌军的一处阵地，其他敌阵都被降服，是因为我方捣毁了敌军所依仗的要害。在双方尚未交兵、战马尚未被驱策时，敌军望见我方军旗就仓皇逃窜，是因为敌方的士气已被我军摧毁。总之，能够正确审视双方所处的地势，能够立起军队的气势，加之精妙的指挥艺术，军队将战无不胜。

识

听金鼓[①]，观行列而识才；以北诱，以利饵而识情；撼[②]而惊之，扰而拂[③]之而识度，察于事也。念之所起，我悉觉之；计之所绐[④]，我悉洞之；智而能掩，巧而能伏，我悉烛之，灼[⑤]于意也。若夫意所未起者，而预拟尽变，先心[⑥]敌心以知敌，敌后我意而意[⑦]我，则谋而心投。一世之智，昭察无遗，后代之能逆观于前。识至此，綦[⑧]渺[⑨]矣。

[注释]

①金鼓：退兵鸣金，进军击鼓。此处以铜锣、军鼓代指作战号令。②撼：摇动，此处意指佯攻。③拂：轻掠而过，此处意为扰乱。④绐（dài）：欺骗。⑤灼：明彻。⑥心：了解。⑦意：猜测。⑧綦（jí）：通“极”，最高的。⑨渺：原指水面辽阔，此处意为影响深远。

[译文]

听敌军的金鼓号令，观察其排兵布阵，就可了解敌军将领的才能；以佯败诱敌深入，用小利作为诱饵诱惑敌人，可以掌握敌军的实情；用佯攻惊扰敌军，用小的挑衅扰乱敌军，就能判断敌军将领的指挥能力。以上这些都是观察敌军战斗力，判断敌军将领能力的方法。敌方的作战意图刚刚萌芽，我方即能悉数察觉；敌方的计谋具有欺骗性，我方亦能全部洞察；即使敌人精明狡诈，善于掩饰和伪装，我方都能一一识破，这些都是明彻敌方意图的结果。如果敌方的计谋尚未显露，我方已预先拟定了各种应变方案，先全面分析敌人的作战意图，全面掌握敌人的动向，使敌人按我方的意图而猜测我方的行动，则我方的计谋将会成功，敌人将会中计。智慧卓越的将领，必能做到准确地判断敌情而无遗漏和失误，使后代有了效仿的楷模。用兵作战达到此种境界，其造诣和影响就极其深远了。

测

两将初遇，必有所试；两将相持，必有所测。测于敌者，避实而击疏；测于敌之测我者，现短以致长。测蹈于虚①，反为敌诡②。必一测而两备之，虞③乎不虞④，全术也，胜道也。

［注释］

①虚：虚假，此处为敌人所设之假象。②诡：欺骗。③虞：考虑，预想到。④虞：忧患，不测。

［译文］

两军初次交战，相互必定会有所试探；两军相持对抗，必定会相互侦察。探测对方的行动方向，其目的在于避开敌军主力以打击其薄弱环节；探测对方正在侦察我军，使其短处毕露而使我方将长处充分发挥。如测探正中敌方诡计，反而会被其欺骗，误中其诡计。因此作战时有了一种对敌人的基本分析和判断后，务必做好两手准备，以防不测，这才是周全的作战计划，是夺取胜利应遵循的法则。

争

战者，争事也。兵争交，将争谋，将将①争机。夫人而知之，不争力而争心，不争人而争己；夫人而知之，不争事而争道，不争功而争无功。无功之功，乃为至②功；不争之争，乃为善争。

[注释]

①将将：作为统帅的将领，地位高于将。②至：极，最。

[译文]

战争就是你死我活的激烈争夺、较量。双方的兵士较量搏斗技艺，将领之间较量智谋，两军统帅之间则争夺决定胜负的战机。但凡将领都知道，较量武力不如争取民心，寄希望于他人不如自己努力争取。将领皆知，不应争求一战一事上的成功，要遵循基本的道义，力争全局的胜利，不争疆场厮杀的战功，而争不经过浴血疆场即能使敌人屈服的战功。不战而屈人之兵的胜利，是最高的战功；不使用武力的争夺，才是最佳的战争。

读

论事，古不如今。事多则法数[①]，过迁则理迁。故读千古兵言，有不宜知拘，妄言知谬，未备识缺，肤理须深，幻杳索实，浮张心斥，成套务脱。忌而或行，诚而或出，审疏致密，由偏达全，反出见奇，化执为活。人泥法而我铸[②]法，人法[③]法而我著[④]法。善用兵者，神明其法。

[注释]

①数（cù）：细密。②铸：古时铸法文于铜鼎以示众，此处意为创制。③法：遵循。④著：创作。

[译文]

对兵事的论述，古代不如现代的容易、清晰、翔实。事情纷繁复杂，相应的处理方法也多种多样，随着时间的推移，处理事情的法则也随之改变。因此在阅读古人兵书时，对不合时宜的内容，要知道这是时代的局限；对明显的错误，要知道它错在何处；对尚不完备的理论，知道它的不足；对道理肤浅的，要继续研究加以深化；对玄奥的理论，要找到它的实质；对不切实际的理论，能从心底里加以排斥；对陈规俗套的作战模式，一定要极力摆脱。古代兵家忌讳的事，有时要勇于实践；古人认为不该做的，有时亦可以做；审查有漏洞的言论，使之趋于缜密；纠正片面的观点，使其达于全面；能背常道而行，出奇制胜，从盲目地坚守旧法转为灵活运用。在别人拘泥于成法之时而我敢于制定新法，在别人遵循旧法之时而我敢于创著新法。善于用兵的人能够对兵法掌控自如，灵活运用，达到出神入化的境界。

言

言为剑锋上事，所用之法多离奇：或虚扬以济谋；或权①托以备变；或诬构以疏敌；或谦逊以缓敌。至预发摘奸，诡谲②造惑，故泄取信，反说餂③意，款剧④导情，壮烈激众，怆⑤痛感军，高危悚⑥听，震厉破胆。假痴，伪认，佯怒，诈喜，逆排，顺导。飞、流、绐、狂、呓、谵⑦、附⑧、瞪、形、指、蹑⑨、嘿⑩，皆言也，皆运言而制机宜⑪者也。故善言者，胜驱精骑。

[注释]

①权：姑且。②诡谲：变幻无常。③餂（tiǎn）：诱引，骗取。④款剧：款，缓慢。剧，迅速。此处意指言辞急缓有致。⑤怆：悲伤。⑥悚：恐惧。⑦谵（zhān）：原指病中胡言，此处意为胡言乱语。⑧附：原指依附，此处特指附会鬼神。⑨蹑：踩踏，此处意为跺脚。⑩嘿（mò）：同“默”，沉默不语。⑪机宜：适宜的时机。

[译文]

言辞犹如舌锋，在“三锋”之说中居于剑锋之上，至关重要。运用语言的方法大多很离奇：有的虚张声势以辅助计谋的实施；有的暂且借助假话推脱，以防备可能发生的事变；有的虚构事实以诬陷敌军将领，使敌将之间互相猜疑，相互疏远；有的表面故作谦逊以使敌人放松警惕。至于预先发现并清除敌人的奸细，用诡诈的语言以迷惑敌人，故意泄露机密以骗取敌人的信任，说反话以套出敌人的真正意图，用推心置腹的语言疏导下属的思想，用振奋的言辞以激励战士，用悲怆的言辞以感动军队，危言耸听使敌人害怕，严词厉句使敌人闻风丧胆。除此而外，还有装傻充愣，假装受骗，佯作动怒，假作欢喜，逆向排除不利因素，顺势引导下属的思想。还有流言、蜚语、谎言、狂语、梦话、胡言乱语、附会鬼神，以及目光、动作、手势、跺脚、沉默不语等，这些也都是无声的言辞，都是运用这些言辞以解决关键性的问题。所以善于巧妙运用言辞的人，其言辞的作用远胜过精锐的骑兵。

造

勘性命[①]以通兵玄，探古史以核兵迹[②]，穷象数以彻[③]兵征[④]，涉时务[⑤]以达兵政，考器物以测兵物。静则设无刑事而作谋，出则探[⑥]素所怀而经[⑦]天下。

［注释］

①性命：性，事物固有的特点。命，事物发展的规律。②迹：原指轨迹、道路。此处意为方法、原则。③彻：通彻了解。④征：征兆。⑤时务：当代大事。⑥探：原意指用手摸取，此处意为运用。⑦经：筹划治理。

［译文］

探索事物发展变化的自然规律有助于精通兵法的玄妙，探寻自古以来的战史记载来核查战争发展变化的轨迹，深入探究事物的形与数的关系来透彻地预见战争的征兆，亲自参与国家政务的管理以便熟悉军队的政务，考察各种器物的性能以便了解军队的武器装备。和平时要假设战争爆发的情形并筹谋作战的方法，出征时则要研究如何将计划付诸实施，以达到经纬天下的目的。

巧

事不可以径[①]成者必以巧，况行师乎？善破敌之所长，使敌

攻守失恃，逃散不能，是谓困制之巧；示弱使忽，交纳使慢[②]，习处使安，屡常使玩[③]，时[④]现使耗，虚惊使防，挑骂使怒，是谓愚侮[⑤]之巧；所设法[⑥]，非古有法，可一不可再，独造而独智，是谓臆空[⑦]之巧；一径一折[⑧]，忽深忽浅，使敌迷而受制，是谓曲[⑨]入之巧；以活行危而不危，翻安为危而复安，舍生趋死，向死得生以成事，是谓反出之巧。

［注释］

①径：直接。②慢：松弛，懈怠。③玩：忽视，轻慢。④时：时常，时时。⑤侮：欺辱，戏弄。⑥设法：筹划。⑦臆空：臆，内心。谓其不效古法，穷心独设。⑧折：原指弯曲，此处意为迂回之法。⑨曲：原指弯折，此处意为灵活多变、不泥成法。

［译文］

做某件事不能直接取得成功时，一定要采取灵活多变的方法，更何况是行军作战呢？善于破坏敌方的长处和优势，使其进攻与防守都失去依靠，退却和分散都不可能，这就是所说的困敌制变的巧计。故意向敌人示弱，使敌人疏于防范；向敌人缴纳贡品，使其放松警惕；与敌方长期和平相处，使其安于常态，没有过激的举动；多次佯攻，使敌方习以为常放松警戒；经常出兵袭击，使敌军实力慢慢消耗；用虚张声势惊扰敌军，使其时刻处于紧张的防备状态；挑衅辱骂敌人，使敌军将领发怒而失去理智。上面这些即是所谓的愚弄欺侮敌人的巧计。所创设的作战方法并非古人的成法，只可使用一次，不能使用第二次，自己研创的作战方法具有自己独到的智慧，这就是所说的思想上的巧计。时而直接攻击，时而采取迂回战法，时而深入敌后作战，时而兵进则止，使敌方迷惑不已，弄不清我方意图从而受制于我方，这就是所谓的灵活进兵的技巧。用灵活的方法应对危险便可化险为夷，置安危于不顾，处于危险的境地而能摆脱危险，复归安全；舍生赴死，使士兵置之死地而后生，取得作战的最终胜利，这就是所说的逆向用兵的巧计。

谋

兵无谋不战，谋当底于善。事各具一善机，时各载一善局。随事因时，谋及其善而止。古画三策，上为善。有用其中而善者，有用其下而善者，有两从之而善者，并有处败而得善者。智不备于一人，谋必参诸群士。善为事极，谋附于善为谋极。深事深谋，无难而易；浅事浅谋，无过而失也。

[译文]

统率军队不用谋略就无法作战。计谋应以缜密周全为标准，追求最好的谋略。凡事都有取得成功的最佳时机，任何情况下都存在最佳的态势。根据事物的特性和情况的变化，不断修改智谋直至制订出周详缜密的最佳方案。古人筹划谋略，分为上、中、下三等计谋，上等计谋最为理想。但是，有的人使用中等计谋而取得胜利，有的人使用下等计谋而取得成功，亦有同时用中下两等计谋而取胜的，还有身处劣势却能反败为胜的。一人的智慧是有限的，谋略必须参考众多谋士的意见，周详完备。获取成功是做事的终极目标，谋略周详完善，并且获得成功，才是谋划的最高境界。对大事要深谋远虑，绝不能轻视困难复杂的局面；若无远虑必有近忧，对事情不作深入分析而仓促决策，执行过程中即使不出现错误，最后也会失败。

计

计有可制愚不可制智，有可制智不可制愚。一以计为计，一以不计为计也。惟计之周，智愚并制。假智者而愚，即以愚施；愚者而智，即以智投；每遇乎敌所见，反乎敌所疑，则计蔑[①]不成矣！故计必因人而设。

［注释］

①蔑：无。

［译文］

在众多的计谋中，有的计谋可以制伏愚笨的人，却不能制伏聪慧的人；有的计谋可以制伏聪慧的人，却不能制伏愚笨的人。有的计策，我方把它当做计策使用，敌方也把它看成计策；有的计策，表面上不像是计，而实际上恰恰是计。只有考虑周全、设计缜密的计谋，才能既制伏智者又制伏愚人。对表面上聪慧而实际上愚笨的人，就要采用对付愚人的方法对付他；如果表面上愚笨而实则聪明的人，就用对付聪明人的方法对付他。敌人想看到的情况，我便每次均投其所好；敌人怀疑的，我便反其道而行之。遵循这样的方法用计，那么计谋就没有不成功的！因此采用计谋时一定要因人而异，不同的人用不同的计谋。

生

生者华荄①也，玄蒂②也。故善计者因敌而生，因己而生，因古而生，因书而生，因天时、地利、事物而生，对法而生，反勘而生。陡③设者无也，象④情者有也，皆生也。

［注释］

①华荄（gāi）：华，华美的、精华的。荄，草木之根。此处意为繁茂的植物之根。②玄蒂：玄，深奥玄妙。蒂，花、果与枝茎相连处。与上文华荄均代指生命力旺盛的植物。③陡：突然，此处意指计出臆断，未经对法、反勘，过于草率。④象：取法，依随。

［译文］

生命就像滋生植物的根、开花的蒂一样繁盛。因此善于用计谋的人，要根据敌情、我情，前人的历史经验，兵书，天时、地利、战事本身的特点等，反复研究、思考而制订出作战方略。凭空拟订的作战计划是不能取胜的，只有根据实际情况制订的作战计划才能成功。这是生命繁殖和维持的原理。

变

事幻于不定，亦幻于有定。以常行者而变之，复以常变者而变之，变乃无穷。可行则再，再即变，以其拟变而不变也。不可行则变，变即再，以其识变而复变也。如万云一气，千波一浪，是此也，非此也。

［译文］

战事变化没有成法，但变化之中也有一定的规律可循。作战方法依照常规变化，再根据变化了的战场事态改变作战方法，如此则可变化无穷。一种成功的作战方法，人们往往再次使用它，第二次运用时情况就发生了变化，因为敌方估计我方会变而我方反而未变。一种作战方法行不通时，就要加以改变，改变后再付诸实践，因为认识了变化的规律就要运用规律去进行变化。这就好比天上无数的云彩都是水蒸气形成的，千顷波涛都是水浪形成的。这叫做既是云又不是云，既是浪又不是浪，变化源于一而又变化万千。

累

我可以此制人，即思人亦可以此制我，而设一防；我可以此防人之制，人即可以此防我之制，而增设一破人之防；我破彼防，彼破我防，又应增设一破彼之破；彼既能破，复设一破乎其所破之破；所破之破既破，而又能固我所破，以塞彼破，而申①我破，究不为其所破。递②法以生，踵事而进，深乎深乎！

［注释］

①申：原指伸展，舒展，此处意为全面施展。②递：交替，更迭，此处意指敌我之间防、破之法相继而生。

[译文]

我方可以用某一方法制敌，也应想到敌人也可以用这一方法来制伏我方，因而应准备一种防范的措施；我方可以用一种方法防范敌人制伏我，那么敌人也可用这一方法防范我制伏他，因此要设计出一种能攻破敌人防备我的方法；我方打破敌人防备的方法，敌人也会打破我方防备他的方法，因此需要制定一个能对付敌人打破我方行动的办法；敌人破坏我方的方法被打破后，就要再制定一个打破敌人新的破坏我方行动的计谋；这样不但敌人的攻势得以破解，又巩固了我方的战果，阻止敌人的破坏，从而全面施展我方的对敌行动，如此一来，我方终究不会被敌人攻破。敌我之间防、破之法随着战事情况的变化不断产生，不断改进，其中的道理太深奥了！

转

守者一，足敌攻之十，此恒[①]论也。能行转法，则其势倍反。如我以十攻一，苟能转之，则彼仍其一，而我十其十，是以百而击一。我以十攻十，苟能转之，则我仍其十，而彼缩其九，是以十而击一。我以一攻十，苟能转之，则敌止[②]当一，而我可敌十，是以一而击一。

故善用兵者，能变主客之形，移多寡之数，翻劳逸之机，迁利害之势，挽顺逆之状，反骄[③]厉之情。转乎形并转乎心，以艰者危者予乎人，易者善者归乎己，转之至者也。

[注释]

①恒：平常的，普通的。②止：只，仅仅。③骄：骄横放纵。

[译文]

防守者能以一当十，这只是一般的法则。如能运用转化的方法，则力量便能成倍地反转增加。就像我方以十攻一，如能够运用转变的方法，敌人的兵力仍为一，而我方的兵力就能增长十倍，这就是用百击一。我方以十攻十，如能运用转化的方法，那么我方的力量仍为十，敌人相对减少了十分之九，因此我方就是用十击一。我方以一攻十，如能转变形势，那么敌人的力量仅相当于一，如此我方的力量就相当于敌人的力量，这便成为以一击一。

因此善于用兵的人，能扭转敌主我客的被动局面，改变敌众我寡的兵力对比，变换敌逸我劳的局面，改变敌利我不利的基本态势，挽回敌顺我逆的情形，化解我方骄傲暴躁的情绪。运用转化之法不仅能转化战场敌我的态势，而且能改变敌我将士的心理状态，将艰难险阻加诸敌人，将容易、简单的因素归于自己，这便是达到了运用转换之法的最高境界。

活

活有数端：可以久，可以暂者，活于时也；可以进，可以退者，活于地也；可以来，可以往，则活于路；可以磔[1]，可以转，则活于机。兵必活而后动，计必活而后行。第[2]活中务紧，紧处寻活。无留接[3]是为孤军，无救着[4]是云穷策。

[注释]

①磔（zhé）：原指分裂牲畜肢体举行祭祀，此处意为迎刃而解，分解破之，与“转”之屈曲而解相对。②第：但是，只是。③留接：留守的接应兵力。④着（zhāo）：原指下棋落子，此处比喻计策。

[译文]

机动灵活的战术包括几个方面：可以持久，亦可以速决，这是对时间方面的灵活掌握；可以进攻，亦可以退守，这是对空间的灵活掌控；可以来，亦可以往，这是对行军道路的灵活掌控；可以分割，亦可以转移，这是对捕捉战机的灵活掌控。部署兵力必须先注意灵活应变而后有所行动，作战计划必须具有灵活应变的能力方能付诸实施。但是灵活要有一定的限度，要在严谨的基础上寻求灵活机动。没有预备接应力量的军队是孤军，没有多种应变措施的作战策略是使军队陷于困境的策略。

疑

兵诡必疑，虚疑必败。

［译文］

用兵打仗是一种诡诈的行为，对诸多情况必须经常提出疑问；但是，如果对任何事情都毫无根据地猜疑，势必导致失败。

误

克敌之要，非徒以力制，乃以术误之也。或用我误法以误之，或因其自误而误之。误其恃，误其利，误其拙，误其智，亦误其变。虚挑实取，彼悟而我使误，彼误而我能悟。故善用兵者，误人而不为人误。

［译文］

克敌的关键不仅仅是以武力制胜，而是要用各种方法诱使敌人犯错误。或者是我方采用欺骗的方法误导敌人，或者是借助敌人自己的失误，促使敌人犯更大的错误。或利用敌人有恃无恐的傲慢心理促使其犯错误，或利用敌人贪图小利而诱其犯错误，或利用敌人的愚蠢而诱其犯错误，或利用敌人的自作聪明而使其犯错误，或利用敌人多变的特性使其犯错误。假装挑衅而实意攻取，敌人若察觉我方意图，我方应将计就计，使敌人再犯错误。当敌人犯错时，我方应能及时察觉、利用。因此，善于用兵打仗的人，能让敌人上当受骗却不被敌人误导。

左

兵之变者无如左[①]。左者以逆为顺，以害为利；反行所谋左其事，以己资人左其形，越取迂远左其径；易而不攻，得而不守，利而不进，侮而不遏，纵而不留；难有所先，险有所蹈，死有所趋，患有不恤，兵众不用，敌益而喜，皆左也。适可而左，则适左而得，若左其所左，则失矣。

［注释］

①左：邪，不正，此处意指旁门左道，逆法用兵。

［译文］

用兵打仗，其战略和战术的变幻，没有能比得上逆用兵法、反常用兵的了。反常用兵的方法包括：用阻碍我方的行动达到成功，用有害我方的手段取得胜利；通过违反兵法的一般原则或常人的一般设想而用兵，把某些有利条件让与敌人，舍弃捷径而选取迂回的远路；对易于攻取的反而不进攻，对已经攻取的地方却不防守，有利可图时却停滞不前，受人侮辱但不理会，抓获俘虏则纵放不留；有时明知艰难但抢先前行，明知险恶却勇往直前，明知是死地亦要前往，处于危险和困难的境地却不忧虑，兵力充足却不全军上阵，敌人因此自以为得利而欢喜不已，以上所说的都是反常用兵方法的具体表现。反常用兵的方法要根据战场上的实际情况而采用，才能成功，否则就会弄巧成拙，把自己置于危险的境地，甚至遭受失败。

拙

遇强敌而坚壁[①]，或退守时，宜拙也。敌有胜名，于我无损，则侮言可纳，兵加可避，计来可受，凡此皆可拙而拙也。甚至敌无奇谋，我有外虑；敌本雌伏[②]，我以劲待，凡此皆不必拙而拙，无失也。宁使我有虚防，无使彼得实着。历观古事，竟[③]有以一拙败名将而成全功者。故曰：力将当有怯时。

[注释]

①坚壁：坚固壁垒，即守而不战。②雌伏：居于人下，退藏而无所作为。③竟：遍，满，不乏。

[译文]

遇到强敌的进攻坚壁不战，或是退守的时候，可以假装愚笨，避其锋芒。如若敌人空有胜利的名声，而在实际上于我方并无损失，那么敌人的辱骂可以姑妄听之，敌人的挑衅可以避而不战，敌人所施的计谋可以假装中计，上述种种情形都是可以假装愚笨而且应该假装愚笨的。甚至于敌人并没有出奇制胜的计谋，我方也要以重大的外患来看待，保持对外的警惕；敌人退藏不战，我方仍要将敌人视为强敌而严阵以待，以上这些都是不必假装愚笨的，但不外乎假装愚笨也没有什么害处，则不妨假装愚笨。宁可我军徒劳设防，也不能让敌人钻空子而获得实际的好处。纵观自古以来的战事，不乏有用假装愚笨击败名将而大获全胜的将领。因此说功勋卓著的战将必要时也应当假装愚笨。

预

凡事以未意而及者，则心必骇，心骇则仓猝不能谋，败征也。兵法千门，死伤万数，必[①]敌袭如何应，敌冲如何挡，两截何以分，四来何以战。凡属艰险危难之事，必预筹而分布之，务有一定之法，并计不定之法，而后心安气定，适值不惊，累卵[②]无危。古人行师[③]，经险出难，安行无虑，非必有奇异之智，预而已。

[注释]

①必：假使。②累卵：堆积起来的蛋，易于摔损，这里比喻危险的处境。③行师：用兵，指挥部队。

[译文]

任何事情，预先没有准备而突然降临，就会心慌意乱，心中恐慌则仓促应对，不能周密谋划，这正是失败的征兆。作战的方法很多，使战场上死伤将士无数，不外乎敌人突袭时如何应对，敌人猛攻时如何抵挡，两面受敌时如何部署兵力，四面受敌时如何拒敌作战。上述种种艰难险阻的情况，一定要预先谋划并分别部署，务必对每一种情况都事先想好应对的方法，同时也要随战争情况的变化预先制订处置意外事件的方法，之后才能做到安定沉着、镇定自如，突然遭遇敌人而不惊慌，遇到困难也能化险为夷。古人指挥作战，历经千难万险却能安然无恙，这并非是其拥有超常的智谋，只不过是能够做到预先准备罢了。

迭

大凡用计者，非一计之可孤行，必有数计以勷[①]之也。以数计勷一计，由千百计炼数计，数计熟则法法[②]生。若间[③]中者，偶[④]也；适胜者，遇[⑤]也。故善用兵者，行计务实施，运巧必防损，立谋虑中变，命将杜违制。此策阻而彼策生；一端致而数端起；前未行而后复具[⑥]；百计迭出，算[⑦]无遗策[⑧]，虽智将强敌，可立制也。

［注释］

①勷（xiāng）：同“襄”。意为助，成全。②法法：符合规律的作战方法。③间：间或。④偶：偶然，巧合。⑤遇：不期而会，偶遇。⑥具：齐备，完备。⑦算：筹谋，计划。⑧遗策：失策。

［译文］

凡是用计制敌，不是只用一个计谋就能取得成功，而是要用多个计谋辅佐它。用数个计谋辅助配合一个计谋，从千百个计谋中选出几个好的计谋，如果有了几个成熟的计谋，就能有克敌制胜的方法了。如果仅用一个计谋，即使敌人中计，也是偶然的；即使打了胜仗，也是凑巧碰上的。因此善于用兵打仗的人，使用计谋务求能使其实施，运用机智必须预先防备可能遭到的挫折，制订计划要考虑到可能发生的变化，任命将领要防备其不听节制。一种计谋实行受阻，就要立即实施另一种计策；一个方面成功则就要把其他方面都带动起来。第一步行动计策尚未实施，第二步行动计策已经准备完毕；如此，众多计谋层出不穷，而且周详无遗漏，即使遇到了狡黠的将领、强大的军队也能立刻将其制伏。

周

处军之事烦多，为法亦琐。大而营伍行阵[①]，小而衣食寝居，总[②]不可开隙趋危。故摅[③]思于无虑，作法于无防，敌大勿畏，敌小勿欺[④]，计周靡恃[⑤]，为周之至。

［注释］

①行阵：军队行列。②总：全，都。③摅（shū）：抒发，伸展。④欺：轻视。⑤靡恃：不依持于一。意言“摅思”、“作法”，有备无患。

［译文］

指挥军队，遇到的事情很多，处理的方法也很烦琐。大到安营扎寨、行军布阵，小到士卒的衣食寝居，都不能出现任何细微的错误，而使敌人有可乘之机，将自己送入危境。因此，要考虑周全，勿使出现没有考虑到的地方；要尽可能采取各种预防措施，勿使出现没有防备的地方；面对强敌不要畏惧，面对弱敌不要轻视，计划周全而不要孤注一掷，这才是周全、缜密的极致。

谨

用兵如行[①]螭宫蛟窟[②]，有风波之险。螭宫蛟窟，渡则安也。若大将则无时非危，当无时不谨：入军如有侦，出境俨临交，获取验无害，遇山林险阻必索奸，敌来虑有谋，我出必裕计。慎以行师，至道也。

[注释]

①行：行走，此处意为前往。②螭宫蛟窟：螭，传说中一种无角之龙。蛟，传说中居于深渊，能发洪水之龙。宫，窟，皆言居所，指龙宫。

[译文]

用兵作战如同行走在龙宫之中，时刻都有遭遇风波的危险。龙宫虽然是危险的地方，但闯过去便可平安无事。将领在战场上作战时无时无刻不处于危险之中，因此应当时刻保持谨慎：进入军队就要假设敌人正在侦察我军而言行谨慎；一出国境就进入临战状态，保持警惕，就像临阵打仗时一样；缴获敌人的物资，一定要检验其对我方是否有害；行进中遇到山林险阻之地时，一定要搜索身边是否有敌人的奸细将自己引入歧途、陷阱；敌人向我进攻时，一定要仔细考虑敌人是否另有所图；我方进攻时，一定要多设计谋，计划周全。以如此谨慎的态度行军打仗，才是用兵打仗的准则。

知

微乎微乎，惟兵之知。以意测，以识悟，不如四知之廉[①]得其实也。一曰通，二曰谍，三曰侦，四曰乡。通，知敌之计谋；谍，知敌之虚实；侦，知敌之动静出没；乡，知山川蓊翳[②]、里道迂回、地势险易。知计谋则知所破，知虚实则知所击，知动静出没则知所乘，知山川里道形势则知所行。

[注释]

①廉：查访，侦察。②蓊（wěng）翳：蓊，草木茂盛的样子。翳，遮蔽，指草木繁盛以至遮蔽山川。

[译文]

战争中最微妙的事莫过于对敌情的了解。用自己的主观思想来猜测，用一般的常识来判断，都不如用以下四种方法去侦察从而取得敌人的真实情况好。这四种方法是：通，即利用与敌方有交往的人员；谍，即派遣间谍；侦，即组织侦察；乡，即利用向导。利用与敌方人员的交往，可以了解到敌人的计谋；通过派遣间谍，可以探知到敌人的虚实；派兵侦察，可以掌握敌人的动静及出没情况；利用好的向导，可以明了作战区域内的山川形势、林木植被、道路的曲直迂回和地势的险易。了解了敌人的计谋，就知道了破除敌人计谋的方法；知道了敌人的虚实，就可以知道如何打击敌人；知道敌人的行动规律，就可以知道如何利用敌人的漏洞；知道了作战区域的山川、道路与地势，就可以知道如何选择正确的行军路线。

间

间者，祛①敌心腹、杀敌爱将，而乱敌计谋者也。其法则有生、有死、有书、有文、有言、有谣，用歌、用赂、用物、用爵、用敌、用乡、用友、用女、用恩、用威。

[注释]

①祛：除去。

[译文]

巧妙地运用离间的方法，就是要除去敌人的心腹，杀掉敌人的爱将，从而打乱敌人的作战计划。离间的方法有：生间，即派人前往敌营离间敌人，获取情报；死间，即派人前往敌营送假情报，敌人发现受骗后会处死他；书间，即通过伪造书信离间敌人；文间，即故意丢失我方有关作战计划的文书，使敌人上当受骗；言间，即散布谣言，使敌人互相猜忌；谣间，即编造歌谣在敌军中流传；歌间，利用音乐歌曲消灭敌人的士气；赂间，即用重金贿赂敌军主要将领或重臣，使他们向主帅或君主进谗言；物间，向敌人进贡礼品以麻痹敌人；爵间，即用封官许愿的办法诱使敌人为我效劳；敌间，即用收买或其他方法使敌方的间谍倒戈，为我所用；乡间，利用敌国的同乡向我方提供情报；友间，即利用我方在敌营中的朋友获取情报；女间，即利用女色离间敌人或获取情报；恩间，对敌国百姓施以恩惠，使他们向我方提供情报或其他支援；威间，即利用我们的威势震慑、分化敌人。

秘

谋成于密，败于泄。三军[①]之事，莫重于秘。一人之事，不泄于二人；明日所行，不泄于今日。细而推之，慎不间发。秘于事会[②]，恐泄于语言；秘于语言，恐泄于容貌；秘于容貌，恐泄于神情；秘于神情，恐泄于梦寐。有行而隐其端[③]，有用而绝其口。然可言者，亦不妨先露以示信，推诚有素，不秘所以为秘地[④]也。

［注释］

①三军：泛指军队。②事会：关键。③端：发端，开头。此处意为意图、目的。④地：境地。

［译文］

计谋的成功在于严格地保密，失败在于泄密。军事上最重要的事情，莫过于保密。只能一人知道的事，绝不能泄露给第二个人；明日才采取的行动，绝不能在今天就泄露出去。缜密地推敲计谋的每个细节，谨慎行事，不留下可趁之隙而将机密泄露。行动的各个环节都能够保密了，还要防止秘密由言谈中泄出；言辞谨慎了，还要防止秘密由容貌中泄露；容貌上注意了不露声色，还要防止秘密由神情中显泄；表情方面做到了隐而不露，还要防止秘密由梦话泄露。军队在行动前一定要保守秘密，用人执行任务要能使其缄默，保守秘密，不可事先完全告诉他情况。但是，平时与别人坦诚相见，也不妨先向其表露一些不太重要的秘密以表示对他的信任，再慢慢以诚心相待，这样透露秘密正是为了达到保密的结果。

中卷法部

兴　任　将　辑　材　能　锋　结　驭
练　励　勒　恤　较　锐　粮　住　行
移　趋　地　利　阵　肃　野　张　敛
顺　发　拒　撼　战　搏　分　更　延
速　牵　勾　委　镇　胜　全　隐

目略撮言

军之兴也，唯上善任，唯将辑[①]兵。于材能锋颖之士，结而驭之，练而励之，勒[②]而恤之。较阅能否，兵锐粮足，而后可以启行。迨[③]相移住，必得所趋，稔[④]于地利而后可以立阵；能肃、能野、能张、能敛、能顺而发、拒而撼，而后可以逆战[⑤]。及搏[⑥]则必善于分、更，明于延速，运乎牵勾，以迨委镇，而后可以制胜。然必深图一全人隐己之术也。

［注释］

①辑：和睦、团结合作的意思。②勒：约束。③迨（dài）：等到。④稔（rěn）：熟悉。⑤逆战：与敌作战。⑥搏：近身作战。

［译文］

兴兵作战若想取得预期的成功，君主一定要知人善任，将领要善于抚慰、团结士兵。对于才能超群的人，要团结在自己周围使用，刻苦训练并激励他们，既要严格约束，又要对他们体恤有加。检阅士卒的备战情况，若兵器锐利，军粮充足，那么就可发兵打仗了。行军的路线和安营扎寨的地点要认真察看，在确信可以获胜时才急行军，抢占并熟悉有利地形，布好阵势；治军严格，用兵灵活，能虚张声势使敌人产生疑虑，能收敛自己以骄敌，能顺应敌意、伺机而动，能顶住敌人的进攻，又能以军威震慑敌人，上述诸项都能做到，方可同敌人作战。在交战时，必须善于利用交战的间隙休整军队，把握好与敌人决战的时机，巧妙运筹，牵制和调动敌人，压制住敌人的士气，这样才能战胜敌人。另外，还需要深入探究使敌人全军屈服、保存自己的战略战术。

兴①

凡兴师，必分大势之先后缓急以定事，酌②彼己之情形利害以施法，总期③于守己而制人。或严外以卫内，或固本以扩基，或剪羽以孤势，或擒首以散余，或攻强以震弱，或拒④或交，或剿或抚，或围或守，或远或近，或两者兼行，或专力一法。条⑤而审之，参而酌之，决而定之，而又能委曲⑥推行，游移待变，则展战而前，可大胜也。

[注释]

①兴：兴师，举兵，这里指对战术策略的选择和确定。②酌：斟酌，认真考虑。③期：目的。④拒：抵御，抵抗。⑤条：逐一，逐条。⑥委曲：曲折辗转。

[译文]

大凡兴兵作战时，一定要根据全局形势的轻重缓急来做出战略部署，认真考虑敌我双方的战场形势和利弊条件后再制订作战方法，其最终目的在于保存自己的实力并制伏敌人。（作战时）的战法有：或是严密警戒外围以保卫内部；或是稳固根基以扩展自己的基础；或是先除去敌人的同盟党羽（友邻部队）以孤立敌人；或是先擒获敌人的统帅使敌军军心涣散；或是先攻打强敌以震慑弱小之敌；或是对敌交战或是与敌讲和，或是进剿或是招抚，或是围困敌人或是坚守阵地，或是远袭或是近攻，或是两种方法并用，或是只采用一种方法。对各种作战方法要逐一分析研究，反复比较，然后选择适当的方法，同时在使用作战方法时要做到灵活机动，声东击西，调动敌人以造成对我有利的时机，然后进兵与敌决战，如此可大获全胜。

任[①]

上御则掣[②]，下抗则轻。故将以专制而成，分制而异，三之则委[③]，四之五之，则扰而拂[④]。毋有监，监必相左也；毋或观，观必妄闻；毋听谗，谗非忌即间也。故大将在外，有不俟奏请，赠赏诛讨，相机以为进止。将制[⑤]其将，不以上制将。善将[⑥]将[⑦]者择人专厥[⑧]任而矣。

［注释］

①任：任用，信用，这里指用才任将的原则。②掣：限制。③委：推卸责任。④拂：违背，不顺。⑤制：统帅，率领。⑥将：动词，带领，驾驭。⑦将：名词，将领。⑧厥：其。

［译文］

君主过多干涉将领的指挥，就会限制他们的军事指挥权和才能的发挥；将领随意违抗君主的旨意，则是对君主的不尊重。因此将贵专谋，只有将领拥有战场上的指挥全权，才能克敌制胜，权力一分为二就会发生意见分歧，一分为三就会互相推诿，一分为四或一分为五，就会互相干扰，相互掣肘。对将领不要派监军监视他们，派人监视他们会使他们产生二心；不要经常派人到军中去视察，走马观花式的视察就会听到不实的汇报；不要听信谗言，进谗言的人不是出于嫉妒就是敌人的间谍。因此大将作战在外，处理问题不必事事请示，如果事情紧急，奖赏与惩罚，前进或停止，都可以根据战场的具体情况自己决定，此所谓将在外军令有所不受。这样逐级指挥，由将帅去统御自己的将领，而不是由君主直接指挥将领。善于驾驭将领的君主，只是授予将领充分的战场指挥权而已。

将[①]

有儒将，有勇将，有敢[②]将，有巧将，有艺将。儒将智，勇将战，敢将胆，巧将制，艺将能。兼无不神，备无不利。

［注释］

①将：名词，将领。②敢：勇猛，胆子大。

［译文］

将领可分为儒将、勇将、敢将、巧将、艺将等类型。儒将足智多谋，勇将能征善战，敢将胆略过人，巧将善于制敌，艺将多才多艺。一个将领如能同时具备上述各种素质，就能用兵如神，战无不胜。

辑

辑睦[①]者，治安之大较[②]。睦于国，兵鲜[③]作；睦于境，燧[④]无烽。不得已而治军，则尤贵睦。君臣睦而后任专，将相睦而后功就，将士睦而后功赏相推，危难相援。是辑睦者治国行军不易[⑤]之善道也。

［注释］

①辑睦：和睦。辑，和谐、亲睦。②大较：大略，大法。③鲜：少。④燧：烽火台，又指古代边境用于报警的狼烟。古时报警的信号，白天放烟告警叫“烽”，夜间举火告警叫“燧”。⑤易：更改。

［译文］

团结和睦是治国安邦的首要大事。国内和睦，叛乱就会少发生；边境和睦，就不会有烽火的惊扰。迫于战争形势危急而征集整肃军队，那么全军的和睦就显得尤为重要。君臣和睦，君主才能对将领充分信任，将领才能在战场上享有充分的指挥权；将相和睦，才能建功立业；将士和睦，才能做到在论功行赏时互相推让，在危难时刻互相救援。因此，团结和睦是治国治军时永远不变的至高原则。

材[①]

王有股肱[②]耳目，大将亦必有羽翼赞勷[③]。故师之用材，等于朝廷。

有智士，若[④]参谋，亦赞画，亦谋主，任帷幄[⑤]而决军机，动必咨询。

有勇士，若骁将，亦健将，亦猛将，亦枭将，主决战而备冲突，率众当先。

有亲士，若私将，若手将，若幄将，若牙将[⑥]，主左右宿卫，宣令握机。

有识士，晓阵宜，知变化，望景气[⑦]，测云物，验风雨，悉地域，灼敌情，知微察隐，司[⑧]一军进止。

有文士，穷今古，绎[⑨]理原，秉仪节，哆[⑩]请求，构笺檄，露[⑪]疏典，亮辞章。

有术士，精时日，相阴幽，探荚[⑫]卜，操回避[⑬]，炼鸩饵[⑭]，使权宜可否，利己损敌。

有数士，审国运，逆[⑮]利厄，射[⑯]袭伏，筹饷茭[⑰]，纪物用，录勋酬，籍卒伍，丈径率，能筹算多寡，略无差脱。

有技士，剑客刺，死士轻，盗劫袭，通说辨，间谍谲，俾得出入敌垒，相机设巧。

有艺士，度材器，规沟堑，葺损窳[⑱]，创神异，颠小大，促远近，更上下，翻轻重，仿古标新，专简饬兵物以全攻守。

此九者之内，有兼才，如智能役勇，勇能行智，及智勇备者。

有通才，若智谋，若勇战，若文、艺、技、术，无有不达者，诚奇杰国士也。

外此则有别材，若戏，若舞，若笑，若骂，若歌，若鸣，若魃，若掷，若跃，若飞，若图画，若烹饪，若染涂，若假物形⑲，若急足善行，总不可悉名。然凡属技能足给务理纷者，皆必精选厚别，俾得善其所司，而后事无不宜之人，军无不理之事。至于献谋陈策，则罔择人，偶然之见，一得之长，虽以卒徒，必亟上擢。言有进而无拒，不善不加罚，则英雄悉致，此羽林列曜⑳之象也。

[注释]

①材：人才，这里指任人唯贤。②股肱：比喻辅助君主的亲信大臣。股，大腿。肱，手臂。③勷：帮助。④若：或，表选择。⑤帷幄：原指天子决策之处或将帅的幕府、军帐。这里指谋臣或谋划之任。⑥牙将：古代一种军衔，五人设一伍长，二十人设一什长，百人设百夫长，五百人设小都统，一千人设大都统，三千人设正、偏将，五千人设正、偏牙将，一万人设正、副将军，牙将级别较高。⑦景气：日色。景，太阳。⑧司：掌管。⑨绎（yì）：推究事物的原理。⑩哆（chǐ）：张口的样子。⑪露：起草。⑫荚：卜筮用的蓍草。⑬回避：避讳，避忌。⑭鸩饵：毒药。⑮逆：预料。⑯射：指射覆，猜测覆盖之物，是古代术数家近于占卜的一种游戏。⑰饷芟：粮饷和作战器具。⑱窳（yǔ）：粗劣，引申为黑暗。⑲假物形：假借他物以迷惑敌人。⑳羽林列曜（yào）：群星闪耀。羽林，星名。曜，闪耀。

[译文]

君主有辅佐自己的亲信大臣和耳目，大将有扶助自己的谋士和助手。因此，军队中人才的使用，与朝廷中的大致相同。

军中的人才有智士，或叫参谋，也叫赞画、谋主，主要为将领出谋献策，协助将领决定军机大事，为部队行动提供咨询。

军中的人才有勇士，或者称为骁将，也称为健将、猛将、枭将，主要是担负与敌军作战、抵御敌人的冲击并率领众人冲锋的任务。

军中的人才有亲士，或称为私将、手将、幄将、牙将，主要负责保卫统帅的人身安全，宣布指示、命令，掌管军事机密。

军中的人才有识士，通晓阵法及变化，能从日色、云彩等变化预测风雨，熟悉作战地域的地形，透彻地了解敌情，能审时度势，决定全军的前进和停止。

军中的人才有文士，博古通今，深究事理，主持礼仪，能言善辩，讲解书信檄文，起草奏疏典章，写出华美的辞赋文章。

军中的人才有术士，精通历法、阴阳卜卦，并根据卜算的结果决定部队是否回避敌人；能炼制毒药，还会在适当的时候使用毒药，以杀伤敌人。

军中的人才有数士，能审度国家的前途命运，预测军事行动的吉凶祸福，猜测敌人是否偷袭和伏击，并负责筹集粮饷和作战器具，管理军用物资，登记将士立功受奖情况及士卒的籍贯，测量行军的里程远近。他们所进行的各种计算，不会出现较大的错误，比较准确。

军中的人才有技士，具备剑客一样的技艺，死士一般的勇气，强盗一样善于偷袭的本领，能言善辩，像间谍一样诡诈，他们出入敌人营垒，看准时机巧设计谋。

军中的人才有艺士，负责研究如何正确有效地使用武器装备，规划沟堑的修筑，修理损坏的武器装备，能创造兵器使用的奇迹，改变武器装备的尺寸大小及射程的远近、攀缘的上下、重量的轻重，在旧兵器上创新，专门选用优良的兵器以增强攻防的能力。

在上述这九种人才之中，有兼才，例如智中有勇，勇中有智，或者智勇双全。

此外，还有通才，就是智谋、勇敢、文才、艺术、技能一身兼得，每一方面都达到较高的境界，他们确实是国家难得的奇才。

此外还有具备其他专长的人，例如会唱戏、跳舞、滑稽幽默，擅长对敌叫骂，会唱歌、口技，能夜行，能投掷、跨越、腾跳，能绘画，做菜煮饭，精于伪装，示敌以假形，善于行走且走得极为迅速，如此等等，不一而足。不论何种能力，只要其能力足以完成给定的任务，并能从纷乱的事务中理出头绪来，都必须精心选拔并给予重用，使他们人尽其才。这样各种事情就都有了适宜的人去做，军中的事情也都能处理好了。对那些主动出谋献策的人，则不要计较他的出身地位，即使偶尔有某个见解，有一技之长，即使是普通士卒，也一定要立即提拔。大家纷纷献策而不被拒绝，万一提出不合理的意见也不受处罚，那么天下的英雄才士就会纷纷前来投奔归顺，从而出现人才济济、众星闪耀的兴旺景象。

能①

天之生人，气聚中虚②则智，气散四肢则朴③。朴者多力，智者多弱，智勇兼备者，世不可数。故能过百人者，长④百人；能过千人者，长千人；越千则成军矣。能应一面之机，能当一面之锋，乃足以长军。军有时而孤，遣将必求可独往。故善用才者，偏裨⑤皆大将也。

［注释］

①能：指能力。②中虚：中心。③朴：质朴。④长：执掌，统率。⑤偏裨：偏将和裨将，中下层将佐的通称。

［译文］

人生降于世，如果气聚集于心，这个人就聪明；如果气分散在四肢，此人就质朴。质朴的人大多体魄健壮，聪明的人大多身体虚弱，智勇双全的人世间少有。因此，能力超过百人的人，可以让他统率百人；能力超过千人的人，可以让他统率千人；能力在千人以上的，则可让他做一军的将领。如果能够正确处置一方面的情况，能独立抵挡一方面的敌人，就足以统率一军。军队有时会处于孤立无援的境地，派遣的将领必须具备独立作战的能力。因此，对于善于使用人才的统帅来说，从中下层军官中也可以发现大将之才。

锋

自天、地、风、云、龙、虎、鸟、蛇而外，更立九军。所以厚别分值，为军之锋。一曰亲军，乃里壮家丁，护卫大将者也；一曰愤军，乃复仇赎法，愿驱前列者也；一曰水军，能出没波涛，覆舟荡楫；一曰火军，能飞镖滚雷，远致敌阵；一曰弓弩军，能伏窝挽强，万羽齐发，制敌百步之外；一曰冲军，力撼山岳，气叱旌旗，于以攖[1]大敌，冒强寇；一曰骑军，骁勇异伦，飞驰两阵之间，追击远极之地；一曰车军，材力[2]敏捷，进犯矢石，退遏奔驰，列之使敌不得进；一曰游军，巡视机警，便宜护应，合军举动皆击之。而中有猱升、狼下[3]、蛇行、鼠伏、缒险、通远[4]、逾城、穿幕[5]之属。九者亲游附于中军，余每分列八隅。分则各御，合则兼出，可伸可缩，使一阵之间，血脉联络，惟籍此为贯通也。

[注释]

①攖（yīng）：碰，触犯。②材力：勇力，才能。③狼下：传说狼在觅食之前要先倒立以卜方向。④通远：与远方信息互通。⑤幕：通“漠”，沙漠。

[译文]

军队除了代号为天、地、风、云、龙、虎、鸟、蛇的八支部队外，还应该再组建九支部队。根据它们的各自特点的不同，编成各具特色的精锐部队，使它们成为军阵的前锋。（这九支部队）分别是：亲军，由乡里的壮士和家丁组成，负责保卫统帅的安全；愤军，由为了复仇或为了将功赎罪的人组成，情愿率先冲锋陷阵；水军，能出入于波涛之中，攻击敌人的战船并消灭敌人的水上力量；火军，能使用飞镖滚雷，从远处攻击敌阵；弓弩军，能使用强弓劲弩，万箭齐发，可制敌于百步之外；冲军，冲向敌阵可力撼山岳，其高昂的士气可使旌旗抖动，用以迎战强大凶猛的敌人；骑军，勇猛无比，能策马奔杀于两阵之间，追击敌人敢于追得很远；车军，机动灵活迅速，进攻时敢冒敌人的矢石，撤退时可阻拦敌骑兵的追击，列于阵前，使敌军无法前进；游军，负责在部队营地或阵地四周巡逻警戒，以保障部队的安全，必要时配合其他各军出击。另外，还可招募一些身怀绝技的人，例如像猴子一样善于攀缘，像狼一样善于辨别方向，像蛇一样来无影去无踪，像老鼠一样在敌营内潜伏，能从险要的高处缒下，能到遥远的地方送信，能翻越城墙、穿越沙漠等等。九军之中的亲军和游军靠近中军活动，其余各军分别部署在战阵的八个方位，分散时各自抵御敌人，合并时同时向敌人攻击，根据战场上的形势，随时做到分散迎敌或合兵攻敌，使整个军阵像血脉一样联成一个整体，而只有靠九军通力合作，才能使整个军阵相互贯通，彼此呼应。

结[1]

三军众矣，能使一之于吾者，非徒威令之行，有以结之也。而结必协其好：智者展之，勇者任之，有欲者遂之，不屈者植[2]之，泄其愤惋，复其仇仇。见疮痍[3]如身受，行罪戮如不忍，有功者虽小必录，得力者赐于非常[4]，所获则均，从役厚恤，抚众推诚，克敌寡杀。诚若是，岂惟三军之士应麾[5]而转，将天下皆望羽至矣。敌其空哉！

[注释]

①结：团结，结交。②植：树立，支持。③痍：创伤。④非常：指优厚的待遇。⑤麾：指挥旗。

[译文]

统帅众多三军将士，要使他们行动就像一个人一样听从指挥者的指挥，不仅靠统帅的威严和军令的严厉，而且必须有将他们组织、团结在一起的正确方法。要想把他们团结在一起，就必须尊重他们的愿望：对于聪明的人要让他们充分施展他们的才智；对于勇敢的人要委以重任；对于有个人欲望的人，要尽可能满足他们的欲望；对于受到迫害而不屈服的人，要帮助他们报仇雪恨；见到士卒身上长了疮，就如同疮长在自己身上一样难受；对于触犯军法的士兵，按军法行刑时感到忍痛割爱，于心不忍；士卒立了功，即使很小，也要记录在册；对于战绩突出的士卒，要给予特殊的奖赏；缴获的战利品，应与士卒平均分配；对服役人的家属，要给予优厚的待遇；对待全军将士，应推心置腹地安抚他们；既要战胜敌人，又要尽量减少我方的伤亡。如将领果真能做到上述这些，不仅三军将士听从调遣，就是统治天下，亦能使天下人归顺。如此，敌人的实力也就变得空虚了。

驭[①]

人以拂气生，才以怒[②]气结。苟行兵必求不变者而后用，天下有几？兵非善事，所利之才即为害之才。勇者必狠，武者必杀，智者必诈，谋者必忍[③]。兵不能遣勇武智谋之人，即不能遣狠杀诈忍之人；不用狠杀诈忍之人，则又无勇武智谋之人。故善驭者，使其能而去其凶，收其益而杜其损，则天下无非其才也。仇可招也，寇可抚也，盗贼可举，而果轻法，而夷狄远人，皆可使也。

[注释]

①驭：驾驭，统御。②怒：强盛，猛烈。③忍：狠心，残忍。

[译文]

人必须调养体内之气才能生存，人的才华会因怒气而被抑制。因此，完美的人是不存在的。如果用兵打仗一定要找到完美的人才才愿意予以重用，那么天下有几人能打仗？战争不是仁慈的事，对战争有利的人才往往也是有害之才。例如，勇敢的人一定凶狠，武艺高超的人一定嗜杀，聪明的人势必狡诈，善用计谋的人一定会残忍而阴险。作战时，不能不用这些勇、武、智、谋之人，也就不能不用狠、杀、诈、忍之人；相反，如果不用狠、杀、诈、忍之人，也就等于不用勇、武、智、谋之人。因此，善于统御和使用人才的人，能够充分发挥他们的长处，而抑制其有害的一面，从他们身上得到好处又要杜绝他们的危害，（如果做到这样）那么天下就没有不可用的人才。因此，在一定的条件下，对来投奔的仇敌要能容纳，对贼寇可以招抚，对盗贼可以任用，甚至对那些触犯了国法却能见义勇为的人，以及少数民族或边远地区的人，都可以任用。

练①

意起而力委谢者，气衰也；力余而心畏沮者，胆丧也。气衰胆丧，智勇竭而不可用。故贵立势以练气，经胜以练胆，布心以练情，教以练阵艺。三军练，彼此互乘，前后叠丽②，动则具动，静则具静。

[注释]

①练：训练，锻炼。②叠丽：重叠依附。丽，附着，这里指互相依附。

[译文]

萌发与人作战的决心，但力量过早地衰竭，是由于士气的衰落；力量有余但心里畏惧沮丧，是因为胆气丧失。士气衰落胆魄飞散，才智和勇气也会随之枯竭，这样的军队不能作战。因此，重要的是造成有利的势态来锻炼、培养士卒的士气，通过战斗的胜利来磨练、培养军队的胆略，通过将领与士卒的推心置腹来培养将士间的情感，通过统一教练来提高布阵作战的技艺。三军经过反复的训练，彼此就能互相协调，前后互相依恃，行动时全军步调一致，停止时整齐划一。

励①

励士原不一法，而余谓名②加则刚勇者奋，利诱则忍毅者奋，迫之以势，陷之以危，诡之以术，则柔弱者亦奋。将能恩威胁，所策皆获，则三军之士，彪飞龙蹲，遇敌可克。而又立势佐威，盈节护气，虽败不损其锐，虽危不震其心，则又无人无时而不可奋也。

[注释]

①励：激励。②名：名利，荣誉。

[译文]

激励将士的方法不止一种，但我认为，授予荣誉则刚强勇敢的人就会振奋；用物质利益作引诱就能使坚毅的人奋起；用难以抗拒的大势相逼迫，使其陷入危险的境地，并辅之以权术，那么胆小力弱的人也能奋起振作。将帅治理军队时若能恩威并施，所定下的计策每次都能取到预期的成功，那么三军在作战时生机勃勃，如同龙腾虎跃，能无往而不胜。如果再能制造有利的形势以增加军威，通过培养高尚的节操以保持军队旺盛的斗志，这样的军队，受挫折而不伤锐气，处于危险的境地士卒也不会丧失必胜的信念，这样，无论在何时军队都具有高昂的斗志。

勒①

勒马者必以羁②勒，勒兵者必以法令。故胜天下者不弛法。

然恩重乃可施罚，罚行而后威济，是以善用兵者准得失为功罪，详斗奔以恤伤。戮一人而人皆威[3]，杀数众而众咸服，诛怯斩败，而士益奋，号令严肃，犯法不贷[4]，止如岳，动如崩，故所战必克。决不以濡忍[5]为恩，使士轻其法，致贻[6]丧败也。

[注释]

①勒：意指约束和管束。②羁：马笼头。③威：震动，威慑。④贷：宽恕。⑤濡忍：宽恕，容忍。⑥贻：留下。

[译文]

驾驭马匹，一定要用马笼头和缰绳约束；管理军队，一定要用严明的军法军纪。所以，天下无敌的军队绝不废除军法或使军法松弛。但是，只有对部属重施恩惠，才能严格根据军法惩罚违法之人，惩罚措施施行，将帅才能在军中树立威严。因此，善于用兵的人，要根据作战中的成败来论功行赏或是定罪惩罚，查明是战斗负伤还是奔逃受伤再进行抚恤。杀一人要使其他人感受到军法的威严，杀戮数人要使全军心服，诛杀作战时临阵怯战的人和失职战败的人，其他士卒就会更加奋勇作战，军队的号令就能得到严格的执行，对违反军法的人严惩不贷，使军队停止时如山岳般不可撼动，行动时如山崩般势不可当，这样与敌作战时，一定能攻无不克，战无不胜。作为将帅，决不能希图用宽纵来取得兵士的拥戴，使他们漠视法纪，以至于留下败兵的隐患。

恤[1]

尝有绝代英雄，方露端倪，辄为行间混陷；亦有杂[2]于卒伍，勋业未建，或为刑辟[3]所加，可胜浩叹。天之生才甚难，苟负奇质而不见用，则将投敌而为我抗，此为大将者在所必恤。恤者：平日虚怀咨访，毋使不偶[4]。至于阵中军兵，披霜宿野，带甲悬刀，饥搏风战，伤于体而不言苦，经于难而不敢告劳。苟轻弃其命，非惟不利于军，亦且不利于将。故善用兵者，不使陷于敌，以擅肆戮也。

［注释］

①恤：体恤，这里引申为爱惜将士。②杂：混杂。③刑辟：刑法。④偶：遇。

［译文］

历史上曾经有一些盖世英雄，刚刚崭露头角，就被敌人的反奸计所陷害；也有的混杂于士卒之中，还没有建立功业，就被施加刑罚，真是令人不胜感叹啊！上天使有才能的人降临人间是很难得的事，假若他身怀奇才而得不到重用，则有奇才的人将会投奔敌方与我方对抗，因此，做大将的人要懂得亲近、安抚有奇才的人。体恤的方法有：平时虚心地向他们咨询，不要让他们感到怀才不遇。而至于作战的士卒，风餐露宿，睡觉时还身穿铠甲佩刀剑，忍受饥饿与敌搏斗，在恶劣的天气下作战，身体受了伤也不言痛苦，历经磨难仍不辞辛劳。因此假若轻易使士兵阵亡，不仅不利于军队作战，而且也不利于将领本人。因此，善于用兵的人，不仅不使士兵陷于敌手，自己也不随意虐待、滥杀下属。

较[①]

较器不如较艺，较艺不如较数，较数不如较形与势，较形与势不如较将之智能。智能胜而势不胜者，智能胜；势胜而形不胜者，势胜；形胜而数不胜者，形胜；形与数胜而艺器[②]窳者，形数胜。我胜乎至胜，彼胜乎小胜，敌虽有几长，无难克也。

［注释］

①较：较量。②艺器：这里指技艺与兵器。

［译文］

比较兵器的优劣不如比较士卒军事技术的好坏，比较士卒军事技术的好坏不如比较军队数量的多少，比较军队数量的多少不如比较阵形与战场态势的优劣，比较阵形与战场态势的优劣不如比较将领的智慧与才能。将帅的智慧和才能高敌一筹，尽管在战场态势上弱于敌人，则智慧高的一方就能取胜；在战场态势上胜过敌人，而阵形弱于敌人，则战势占优势的一方就能取胜；在阵形上优于敌人，而军队数量没有敌人多，则在阵形上占优势的一方就能取胜；在阵形与军队数量上优于敌人，即使士卒的军事技术不如敌人，兵器粗劣，也能获胜。我们在决定战场胜负的主要方面优于敌人，敌人只是在决定战场胜负的次要方面占优势，则敌人虽然也有某些方面的优势，我们也不难战胜敌人。

锐

养威贵素，观变贵谋。两军相薄[1]，大呼陷阵而破其胆者，惟锐而已矣。众不敢发而发之者，锐也；敌众蜂来，以寡赴之者，锐也；出没敌中，往来冲击者，锐也；为骁为健，为勇鸷[2]猛烈者，将锐也；如风如雨，如山崩岳摇者，军锐也；将突而进，军涌而冲者，军、将皆锐也。徒锐者蹶[3]，不锐者衰。智而能周，发而能收。

[注释]

①薄：迫近。②勇鸷（zhì）：比喻勇猛强悍。鸷，凶猛的鸟，如鹰、雕等。③蹶：挫折，失败。

[译文]

培养军威贵在平时的严格训练，观察战局的变化贵在善于谋划。两军对垒拼杀，高呼杀声冲入敌阵震破敌胆的人，靠的全是锐气。那些在别人都不敢进攻时，敢于向敌人发起冲锋的人，是有锐气的表现；敌人在数量上占优势，蜂拥而来，敢于以劣势兵力去迎敌的，是有锐气的表现；冲入敌阵，往来冲击，如入无人之境，是有锐气的表现；骁悍勇猛，如鹰击长空，是将领有锐气的表现；行动时似急风骤雨，有地动山摇之势，是军队有锐气的表现；大将率先冲入敌阵，士卒随之汹涌而来，是军队和大将都有锐气的表现。军队作战如果只靠锐气猛打猛冲，会遭受挫折；而没有锐气的军队，其战斗力将衰竭。智谋周全，能攻能退，则战斗的锐气才不会穷尽。

粮

筹粮之法，大约岁计者宜屯，月计者宜运，日计者宜流给[①]，行千里则运流兼，转徙无常则运流兼，迫急不及铛[②]煮则用干糇[③]。若夫因粮于敌，与无而示有，虚而示盈，及运道阻截，困守围中，索百物为饲[④]，间可救一时，非可长恃者。民之天，兵之命，必谋之者不竭，运之者必继，护之者维周，用之者常节[⑤]。

[注释]

①流给：指就地筹集。②铛：古代的一种锅。③干糇（hōu）：干粮。④饲：食物。⑤节：节省，节约。

[译文]

筹措军粮的方法，一般来说以常年打算的，宜于屯田；以月份计算的，宜于运送；按天数计算的，宜就地筹集补给；千里行军则宜于运输和就地补给二者并用；部队转战无常也应采用运输与就地补给相结合的办法，时间紧迫来不及埋锅煮饭就食用干粮充饥。至于夺取敌人的粮食以为己用，或粮食没有了还假装有，粮食将尽还假装军粮充足，以及粮道断绝，军队被敌人围困，不得不寻找一切可以吃的东西充饥，但这些都只是可以解救一时的危急，而非长久之策。粮食是百姓和军队的生命，筹措粮食的人必须保障粮食的供应，不使之枯竭，运送粮食的人必须源源不断地把粮食送到，保护粮食的人要采取周密的防范措施，用粮者要注意日常节约用粮。

住[①]

住军必后高前下，向阳背阴，养生处实[②]，水火无虑，运接不阻，进可以战，退可以守，有草泽流泉，通达樵牧者，则住。然物散不全，方域各异。故暂止惟择军宜，久拒[③]必任地势。

［注释］

①住：军队驻扎。②养生处实：物质充实，便于生活。③拒：占据，驻守。

［译文］

军队驻扎的地方，一定要居高临下，向阳背阴，物质充实，便于生活；没有被水淹和火烧的忧虑，军辎运输不受阻碍，进可以攻击敌人，退可以防御阵地，四周有丰美的牧草和活水源泉，便于砍柴放牧。如果某个地方具备这些条件，则宜于军队驻扎。但上述条件往往不能同时样样具备，况且各个地区的自然环境也各不相同。因此，部队如果是暂驻，就以便于军事活动为选择驻地的标准；但如果是长期驻守，则要认真选择非常有利的地势。

行[①]

行军非易事也。行险有伏可虑，济川惟决是忧，昼起恐其暴[②]来，夜止虞[③]彼虚扰，易断绝者贯联，难疾速者卷进[④]。一节不防，则失在疏。必先绘其地形以观大势，复寻土著之人[⑤]，以为前导。一山一水，必尽知之，而后可以行军。

［注释］

①行：行军。②暴：突然。③虞：忧虑，担心。④卷进：迂回绕行。⑤土著之人：当地人。

［译文］

行军打仗不是一件容易的事。行经地势险要的地方，担心中敌人的埋伏；渡河则担心敌人在上游决堤放水；白天整装待发，则担心敌人突然袭击；晚上宿营，则担心敌人前来骚扰；在容易被敌人截断的地方要加强部队的前后联系；难以迅速通过的地方，要迂回绕行。在行军时一个环节防备不周，就会因疏忽而导致失败。因此，行军前一定要先绘制行军线路图和沿途的地形图，借以了解当地的地形，还要寻找当地人做向导在前面带路。对行军路上的一山一水，必须事先尽知，然后才能行军。

移

军无定居，亦无定去，但相机而行。春宜草木，枯燥则移；夏宜泉泽，雨濡[1]则移；伏于林翳[2]，风甚则移；有便则投，可虞则移；有利则止，无获则移；敌脆则止，敌坚则移；此强彼弱则移，此缓彼急则移，此难彼易则移。

［注释］

①濡：水多、潮湿。②林翳：树林茂密的地方。翳，遮盖。

［译文］

部队行军打仗，既无固定的宿营地点，又无固定的转移方向，只有根据情况而做出决定。春天宜靠近草木繁盛的地方，草木枯黄时就要转移；夏天宜选择山泉水泽处，雨水过多驻地潮湿就要转移；部队潜伏在树木茂密的地方，刮起大风时就要转移；安全便利的地方就前往，有危险顾虑则要转移；有利可图的地方就停留，无利可图时则转移；敌人力量脆弱时就停下来攻击敌人，敌人力量强大时就转移；此处敌人强大而彼处敌人弱小，则转移军队避强击弱；此处军情缓而彼处军情危急，则转移到军情危急的地方；此处活动困难而彼处活动容易，则转移到容易活动的地方。

趋[1]

师贵徐行，以养力也。惟乘人不备，及利于急击，当倍道以

趋。昼趋则偃旗息鼓，夜趋则卷甲衔枚[②]。趋一日者力疲，经昼夜者神惫。一日以趋，兼百数十里；昼夜以趋，兼二三百里。兼近者绝不成行阵难毕至；兼远者弃大军而进，故众师远乎其后也。人不及食，马不及息，劳而寡及，非恃我之精坚，敌之摧[③]丧，与地形山川之洞悉，敢出于此乎？故非全利而远害，慎勿以趋为幸也。

［注释］

①趋：快步走，这里指急行军。②衔枚：将枚横衔在口中，以防喧嚣。枚，一种形状像筷子的条状物。③摧：挫败。

［译文］

军队行军贵在以正常速度徐徐前进，目的在于保存部队的体力。只有在敌人不备，以及急行军可以对敌迅猛攻击而有利于我时，才应以加倍的速度急行军。白天急行军，应偃旗息鼓；晚上急行军，则应收起铠甲，口中衔枚，避免发出声响。急行军一天，身体就会疲劳；急行军一天一夜，精神就会疲惫不堪。急行军一天，可以行一百多里路；昼夜兼程，可以行二三百里路。近距离急行军，部队要防止行军队伍混乱，不能同时到达；远距离急行军，则要分序列，先头部队轻装疾行，大部队则远远地跟在后面。在急行军时，人来不及吃饭，马也不能休息，部队非常疲劳，只有少量的人能按时到达，如果不是凭借我军精锐坚强，敌人受挫衰败颓丧，以及我对作战地形的透彻了解，怎么敢这样做呢？因此，如果不是为了保证全局的胜利，或者必须尽快离开险地，就绝不能轻率地急行军。

地

凡进师克敌，必先相[①]敌地之形势。十里有十里之形势，百里有百里之形势，千里有千里之形势。即数里之间，一营一阵，亦有形势。一形势，必有吭[②]、有背[③]、有左夹右夹、有根基要害。而所恃者必恃山、恃水、恃城、恃壁、恃关隘险阻、草木蓊翳[④]、道路杂错。克敌者，必审其何路可进，何处可攻，何地可战，何处可袭，何山可伏，何径可诱，何险可据。利骑利步，利短利长，利纵利横。业有成算，而后或扼吭，或抚背，或穿夹，或制根基要害。

恃山则索逾山之法；恃水则索渡水之法；恃城壁关隘、草木道路，则索拔城破垒、越关过隘、焚木除草、稽察[⑤]道路正歧通合之法。势在外，慎毋轻入，入如鱼之游釜[⑥]，难以遗脱；势在内，毋徒绕，绕如虎斗圈羊，不可食也。故城非伏难攻，兵非导不进。山川以人为固，苟无人能拒，山川曷足[⑦]险哉！

［注释］

①相：详细勘察。②吭（háng）：咽喉。③背：背靠山。④蓊翳：草木蓬勃茂盛的样子。⑤稽察：勘察。⑥釜：锅。⑦曷足：怎么值得。

［译文］

大凡兴兵攻击敌人，必须首先观察了解敌人所处的地形情况。(地形的情况）十里有十里的地势，百里有百里的地势，千里有千里的地势，即便是方圆数里之内，每一个营盘或阵地，也各有各的地形。一方的地理形势包括：咽喉要地，背靠山峰，左右均有或一方有依托，有根基要害。军队作战依靠的是：山岳、河流、城池、壁垒，或者是关口、隘路、险阻，以及草木茂盛的山林，错综复杂的道路。进攻敌人时，一定要先察明哪条路可以作为进攻路线，哪个地段适合发动攻击，哪个地域适合野战，哪个地方便于偷袭，哪座山便于伏击，哪条路宜于诱敌，哪个险要的地形利于坚守。还要判断，哪些地方有利骑兵作战，哪个地方有利步兵作战，什么情况下适宜短兵器作战，什么情况下适宜长兵器作战，何种地形宜于设置纵深阵地，何种地形适于设置横形阵地。调查清楚，分析比较研究后，或是控制敌之咽喉要地，或是攻击敌之侧背，或是穿插夹击，或是控制关键地段。

如果敌人利用山地，就要寻找能逾越山岭的方法；如果敌人利用河流，就要解决渡河的方法；如果敌人利用城池、堡垒、关隘，以及林间道路，就要寻找拔城攻寨、斩关夺隘、清除草木、探查正确的道路以免走错方向的方法。如果敌人在外围设置重兵，就切莫轻率地闯入敌营，如果进入了，就像游进锅里的鱼一样难以逃脱；敌人收缩兵力，不要徒劳地在敌之外围打转，就像老虎围着羊圈转，无论怎样也吃不到羊。因此，如果敌城内无接应则难以攻取，军队无向导则难以行军。山川只有有人来防守才称得上坚固，否则仅山川本身又有什么险要可言呢？

利

兵之动也，必度[①]益国家，济苍生，重威能。苟得不偿失即非善利者矣。行远保无虞[②]乎？出险保无害乎？疾趋保无蹶[③]乎？冲阵保无陷乎？战胜保无损乎？退而不失地，则退也；避而有所全，则避也。北[④]有所诱，降有所谋，委有所取，弃有所收，则北也，降也，委也，弃也。行兵用智，须相其利。

[注释]

①度：考虑。②虞：忧患。③蹶：挫败。④北：败北，这里指佯装败退。

[译文]

兴兵打仗，一定要先考虑对国家是否有益，对百姓是否有利，能否增强国家和军队的威严和作战能力。如果得不偿失，那么谋划作战的人就不是趋利避害。（为此，军队统帅要考虑）军队远征能否保证没有后顾之忧？离开险要之地出击能否保证没有危险？急行军能否保证战斗力不受损失？冲入敌阵能否保证不陷入敌人的重围？战胜敌人能否保证自己的军队不受损失？如果撤退而能不丢失地盘，那就撤退；如果避战能保全一些实力，那就不妨躲避。如果假装撤退可诱使敌人中计，假装投降可以实现更大的图谋，委屈忍让可获取更大的利益，放弃一些地方可以得到更多的地方，丢弃一部分辎重可以得到更多的军械物资，那么也不妨佯败、诈降、暂时放弃。总之，指挥作战，运用智谋，必须以对我方有利为原则。

阵

言阵者数十家，余尽扫而尽括之。形象人字，名曰人阵。顺之为人，逆之为人，进之为人，退之为人。聚则共一人，散则各为一人，一人为一阵，千万人生乎一阵，千万阵合乎一阵，千万人动乎一人。锐在前而重在后，锋为触而游①为周。其中分阴阳虚实，当受卸②冲，为翼伏③吐纳④，动静翕⑤张。斗不可乱，进必相依，不依则危，人自不乱，乱亦随整，人自能依，人必依人，又何可乱？高下随乎势，长短广狭变于形，人阵神然哉！

［注释］

①游：指机动力量。②卸：退却以卸去敌人冲锋的势头。③翼伏：张开两翼，埋伏待敌。翼，战阵的两侧为翼。④吐纳：呼吸，这里指拒敌或围攻。⑤翕：收敛，收缩。

［译文］

兵家中谈阵法的有数十家，我将它们全部研析后加以概括，创造出一种新的阵法。这种阵法形状像个人字，名叫人阵。它从正面看是人字，反面看是人字，全阵前进时是个人字，全阵后退时也依然是个人字。全阵聚集起来是一个人字，分散开来，每一个组成部分又成为各个单独的人字；一个人可以成为一个阵，千万个人也可组成一个阵，千万个小阵又组合成一个大阵，千万个人行动起来就像一个人在行动。（这种阵形）把精锐的前锋部署在前，主力在后面。前锋作为阵的触角在阵的四周巡游。阵又可分为阴、阳、虚、实几个部分，既能抵御敌人的攻击，又可攻击敌人，阵的两侧有隐蔽的伏兵，或展开或聚拢，或动或静，阵的两侧展开诱敌入阵，或向阵中靠拢歼灭敌人。与敌人交战时阵形不能乱，前进时阵的各个部分要相互协调配合，如无配合则阵就会发生危险。阵中的每一个人都不能胡乱行动，要保持阵形不乱，如果阵形乱了，要随时予以调整，使人与人之间能自觉协同；如果人人都能自我调整，又能与其他人相互协调配合，那么阵形又怎么会乱呢？阵形能灵活地随地势的高低起伏、地形的宽广狭窄而做不同的变化，人字阵形真是神奇啊！

肃

号令一发三军震慑，鼓进金止[①]，炮起铃食，飒[②]奋麾驰。雨不避舍，热不释甲，劳不弃械，见难不退，遇利不取，陷城不妄杀，有功不骄伐[③]，趋[④]行不闻声，冲之不动，震之不惊，掩[⑤]之不奔，截之不分，是为肃。

[注释]

①鼓进金止：古时战斗，击鼓为前进的信号，鸣金为收兵信号。②飒：豪迈矫健。③伐：夸耀。④趋：急走。⑤掩：乘人不备突然袭击。

[译文]

号令既出，三军肃然，击鼓而进，鸣金而止，炮响出发，铃响开饭，旌旗挥动即奋勇前进，下雨不进民舍躲避，天热不解铠甲，身体疲劳不丢弃武器，碰到危难不退缩，遇到利益不擅取，攻陷城池而不滥杀无辜，立了战功而不骄横炫耀，急行军时听不到声音，敌人攻击时巍然不动，发生突变不惊慌，遭到突袭不溃逃，遭到敌人截击而部队不离散，能做到上述种种，则为治军严明，纪律严肃。

野

整者，兵法也，碍[①]于法则有机不投。兵法之精，无如野战[②]：或前或却[③]，或疏或密，其阵如浮云在空，舒卷自如；其行如风中柳絮，随其飘泊。迨其薄[④]，如沙汀磊石，高下任势；及其搏，如万马骤风，尽力奔腾。敌以法度之，法之所不及备；以奇测之，奇之所不及应；以乱揆[⑤]之，乱而不失；驰而非奔，旌旗纷动而不踉跄，人自为克，师自立威。见利而乘，任意为战，此知兵之将所深练而神用者也。抑[⑥]亦难哉！

［注释］

①碍：拘泥。②野战：不依常法作战。③却：后退。④薄：两军迫近。⑤揆（kuí）：揣度，估量。⑥抑：虚词，表示轻微转折。

［译文］

强调严整规范是兵法的一条重要原则，但如果不顾及客观情况而拘泥于兵法，则会自缚手脚，错失战机。兵法的精妙之处，莫过于摆脱成法，灵活作战：（部队）或前进或退却，或分散或集中，阵形的变化就像空中的浮云一样舒卷自如，行动就像风中的柳絮一样随风飘动。当迫近敌人时，其势就像堆在沙滩上即将崩塌的石头，由高往下势不可当；与敌人搏斗时，其势如万马奔腾，又如骤然刮起的大风。敌人根据兵法的一般原则来揣度我方的企图，而我采用的则是兵法的一般原则所未涉及的战法；敌人又根据奇特的用兵法则揣测我方意图，我之战法的奇妙，又是敌人意想不到的；敌人认为我军阵形已乱，但我是形乱而神不乱；战马往来奔驰，但不是奔逃；旌旗纷乱但不是指挥失灵，阵脚始终不乱，人人力争打胜仗，每支部队都争相树立自己的威名。遇到有利的情况立即乘机行动，按照事先拟定的作战计划进行战斗。这是善于用兵的将领对部队平日严格地训练，战时灵活运用的结果，但这是很难达到的啊！

张[1]

耀能以震敌，恒法也。惟无有者故称，未然者故托，不足者故盈。或设伪以疑之。张我威，夺彼气，出奇以胜，是虚声而致实用也，处弱之善道也。

［注释］

①张：虚张声势。

［译文］

显示自己强大的军队以震慑敌人，这是常用的方法。特别是明明没有这种实力却故意宣称有；不打算采取某种行动，却故意装作要采取某种行动；力量不足时却故意宣称力量充足。或者是故意布设假象迷惑敌人。长自己的威风，灭敌人的士气，出奇制胜，这是通过虚张声势来收到实际的战果，这是处于劣势的军队战时运用的一种好方法。

敛

卑其礼者，颓[1]敌之高也；靡[2]其旌者，敌敌之整也；掩其精能者，萎敌之盛锐也。惟敛可以克刚强，惟敛难以刚强克。故将击不扬以养鸷[3]；欲搏弭耳[4]以伸威；小事隐忍以图大；我处其缩以尽彼盈。既舒吾盈，还乘彼缩。

［注释］

①颓：衰败，萎靡。②靡：倒下。③鸷：凶猛。④弭耳：贴耳。

［译文］

对敌人谦卑有礼，是为了使敌人放松戒备；有意放倒自己的旌旗，是为了使敌人严整的阵容发生混乱；把自己的精兵强将掩藏起来，是为了使敌人强盛的锐气衰退。只有柔才可以克刚强，亦只有柔才难以被刚强所克。因此，将要攻击敌人时，事先不张扬以隐蔽自己的攻击意图，以便向敌发起突然猛烈的攻击；将要与敌人搏杀时，先以弱示敌，以便更好地发挥自己的威力；在小事上尽量忍耐，以图谋更大的利益；我方先退缩避敌，是为了耗尽敌人高涨的士气。待到我方的实力增加，士气高涨后，再乘敌人士气低落之机攻击敌人。

顺

大凡逆之愈坚者，不如顺以导瑕①。敌欲进，羸②柔示弱以致之进；敌欲退，解散开生以纵之退；敌倚强，远锋固守以观其骄；敌仗威，虚恭图实以俟其惰。致而掩之，纵而擒之，骄而乘之，惰而收之。

[注释]

①瑕：玉上的斑点，比喻缺点和错误。②羸（léi）：原作“赢”，误。羸，意为疲惫衰弱。

[译文]

凡是碰到经过激战而其战斗力反倒更强的敌人时，不如假装顺从敌人以诱使敌人犯错误。敌人企图前进攻击，我方就故意以老弱士卒和怯战的姿态示敌，诱使敌人大举进攻；敌人企图撤退，我方就故意撤去围兵放开生路，让敌后退；敌人仗恃它力量的强大（发动进攻），我就避开它的锋芒固守不出，以滋长其骄傲之心；敌人仗恃它的军威，我就假意退让而暗中扩充实力，以等待敌人的松懈。调动敌人，然后突然袭击他们；放纵敌人，伺机将其捕获；使敌人滋长骄狂之气，然后寻找战机打击敌人；设法使敌人松懈，然后全歼敌军。

发

制人于危难，扼人于深绝，诱人于伏内。张机①设阱，必度其不可脱而后发。盖早发敌逸，犹迟发失时。故善用兵者，制人于无可逸。

[注释]

①张机：安设机关。

[译文]

趁敌人陷入困难时制伏敌人，利用敌人陷于阻断隔绝的地形而歼灭敌人。把敌人引诱到我方的伏击圈内，安设机关，布置陷阱，一定要确定敌人无法逃脱后再发动攻击。因为动手早了敌人会逃脱，动手迟了则会丧失时机。因此，善于用兵的人，能够诱敌于无法逃脱的死地然后歼灭它。

拒

战而难胜则拒①，战而欲静则拒。凭城以拒，所恃者非城；坚壁以拒，所恃者非壁；披山以拒，阻水以拒，所恃者非山与水。必思夫能安能危、可暂可久，静则谋焉，动则利②焉。

[注释]

①拒：防守。②利：有利地位。

[译文]

与敌交战难以取胜时就要坚守不出，与敌交战中欲静观战局变化时就坚守不出。依托城池来防守，所依仗的并不仅仅是城池；依靠坚固的壁垒拒守时，所依靠的并不仅仅是壁垒；依靠山川河流作为自然屏障固守时，所依靠的也不仅仅是山川河流。必须要事先制定严密的计划，既能应付通常的情况，又能应付危急情况；根据战场形势的变化，既能在短时间内守卫某个地方，又能长久地固守某一战略要地。敌人尚未进攻时就要谋划好作战方案，敌人来进攻时我方便能有备迎战，立于不败之地。

撼

凡军之可撼者，非伤天时，即陷地难，或疏于人谋。无是数者而欲撼之，非惟无益，亦且致损。故大将临敌，犯可撼，戒不可撼，若故为可撼以致人之撼己，而因以展其撼者，则又善于撼敌者也。

［译文］

凡是可被打败的军队，不是遇到不利的天时，就是陷入危险的地形，或者是将帅在作战计划方面考虑不周。假若敌军没有以上这三种情况而想打败它，不仅达不到目的，反而会招致损失。因此，将帅在领兵作战时，要攻击那些可以打败的敌人，而不要去攻击那些难以战胜的敌人，同时还要严密防范这种强敌。如果故意暴露自己的破绽来引诱敌人进攻，然后寻找战机打败敌人，那就是善于克敌制胜的良将了。

战①

逆战②数百端。

众、寡、分、合、进、退、搏、乘、迭、翼、缓、速、大、小、久、暂、迎、拒、缀③、遇，谐于法。

骑、步、驻、队、营、阵、垒、行、锋、随、专、散、严、制、禁、令、教、试、尝、比、水、火、舟、车、筏、梁，协于正。

昼、夜、寒、暑、风、雨、云、雾、晨、暮、星、月、电、雷、冰、雪，因于时。

山、谷、川、泽、原、峡、远、近、险、仰、深、林、丛、泥、坎、邃、巷、衢、逾、沙、石、洞、寨、塞，宜于地。

至展计，则谋、心、扬、应、饵、诱、虚、伪、声、约、袭、伏、挑、搦[4]、抄、掠、关[5]、构[6]、嫁、左、截、邀、蹑、踵、驱、卸[7]。

握奇则自：牵、变、避、隐、层、装、物、神、邪、攒[8]、返、魃、混、野、浪、尘、烟、炬、耀、蔽、裸、空、飞。

甚则：不、无、冲、涌、挤、排、贯、刺、掩、蹂、夹、绕、围、裹、蹙、厌、狠、暴、连、毗、慑、摧、恋、酣、并、陷，而施勇。再甚则：饥、疲、创、困、孤、逼、降、破、欺、擒、愤、怒、苦、激、强、血、死、鏖、猝、惊、奔、殿、接、救，以经危。

精器善技，展战华夷，亶[9]为名将。

[注释]

①战：作战、交战。其内涵很广，此处主要是讲战法。②逆战：作战。③缀：指在战势和地理条件上都占有优势。④搦（nuò）：挑惹。⑤关：两两相关，配合作战。⑥构：构衅，挑拨离间，从中渔利。⑦卸：据《战书》："敌用冲锋冲入，未可锋利，势宜卸裂，各锋紧守，毋令得战，使其猛过气衰，深入我军，而以众锋攒之，可无返甲。凡用猛战至者，皆以此法胜。"意为避敌锋芒，待敌人势头衰落再发起进攻。⑧攒（cuán）：聚在一起，这里指对弱小的敌人四面环攻。⑨亶（dǎn）：诚然，实在。

[译文]

迎战敌人的战法有数百种。

以众击寡，以寡敌众，分散兵力，集中兵力，前进，后退，短兵相见，利用战机，轮番攻击，击敌侧翼，持久战，速决战，大兵团作战，小部队作战，长时间作战，短时间作战，出兵迎敌，固守，预先选好战场占有地利人和，与敌人遭遇而交战，以上诸项，均合乎兵法原则。

骑兵，步兵，后备部队，军队编组，安营，列阵，筑垒，行军，确定前锋、殿后部队，统一指挥，分散作战，治军严格，军法完善，令行禁止，教授阵式、技艺，测试，演习，比武，水战，火攻，以及船、车、筏、桥等作战物资，上述这些都是两军交战获胜的保障。

白天、黑夜、寒暑、风雨、云雾、晨暮、星月、雷电、冰雪，等等，要根据天时的变化来灵活利用。

利用高山、峡谷、河流、水泽、平原、山峡、远方、近处、险地、高地、凹地、树林、灌木丛、泥沼、坑坎、岩洞、街道、交通枢纽、可翻越的地形、沙漠、石砾、洞穴、营寨、要塞等作战，应根据地形的不同灵活运用，这是因地制宜。

至于施展计谋韬略，则有谋略战、攻心战、威慑战、应和战，设饵，诱敌，虚扰，示伪，用声响，约期会战，偷袭，伏击，挑战，抄袭敌后，掳掠，互相配合，挑拨离间，嫁祸于人，出敌不意，以及阻击、断截、尾随、追踪、驱使民众，卸去敌人冲锋的势头，等等。

用奇的战法有：牵制调动，随机应变，避实击虚，隐真示假，一计重复使用，乔装冒充，假神欺敌，作邪用奸，四面环攻，回兵作战，浑水摸鱼，野外作战，灵活用兵而不拘兵法，用飞尘、烟火、火炬、光亮迷惑敌人，隐蔽，故意泄露企图，空城计，出奇兵突然临敌。

更有甚者：排挤敌人，穿插分割，掩袭，使敌人自相践踏，夹击迂回，包围，束缚敌人的力量，使敌人承受巨大压力，进攻凶狠、猛烈，与友军协同作战，震慑敌人，攻城拔寨，恋战，酣战，合兵作战，陷敌于不利境地，从而发挥我军勇猛的战斗力。再者，使敌人饥饿、疲惫，重创敌人，使敌被困，孤立敌人，逼迫敌人投降，攻城，诈敌，生擒敌将，激励将士苦战、激战、强战、血战、死战、鏖战，或者突然袭击敌之侧背，惊吓敌人，迫敌奔逃，或者打击敌人的后方，阻敌援兵，进一步使敌处于危险境地。

部队有精良的武器、娴熟的技艺，面对华夷都能英勇作战，这样的人才才能称得上是真正的名将。

搏

百法皆先着①，惟战则相搏，当思搏法，此临时着也。敌强宜用抽卸；敌均宜用常抄②；敌弱宜用冲蹂③；蒙首介④骑，步勇挨之，往返击杀，使敌无完队则蹂也。以我之强当其弱，以我之弱当其强，而令强者先发，左右分抄，是谓制弱取胜。预立断截开分，使敌突则纳，敌冲则裂，卸彼势而全我力，伏锋以裹之，是谓强弩之末也。要皆相敌以用，然未战必备其猝来；战退以虞其掩至，而且北必紧旌⑤，使敌不敢遽⑥迫；胜必严追，使伏⑦不得突乘。能如是，而后进可不败，退可不死，与三军周旋，风驰电薄间，无不得其胜着也。锐而暇，静而整，慎旃⑧。

［注释］

①着：方法，招数。②常抄：正面抵挡，两翼包抄。③冲蹂：冲击践踏。④介：铠甲。⑤紧旌：严整旌旗。⑥遽（jù）：疾速、仓促。⑦伏：掩护。⑧旃（zhān）：相当于“之焉”二字的合音。

［译文］

平时处理事务的各种方法都可以事先计划，唯独作战是两军搏杀，情况多变，须研究考虑随机应变的方法，以做到临敌制胜。敌人兵力强大时，宜采用分散敌人兵力的方法；敌我力量相当时，宜采取正面阻击、两翼迂回包抄的战法；敌人处于劣势，应采取猛打猛冲、马踏敌营的战法；遇到人马均披铠甲的重装骑兵时，由勇敢精锐的步兵贴近敌骑兵作战，来回勇猛冲杀，破坏敌人骑兵的战斗队形使其互相践踏。有时，还可以用我方的主力对付敌人的弱小部分，而以我方的小股部队阻击敌人的精锐部队，并且使我方的强兵先发起攻击，击败弱小之敌后对敌人主力采取两翼包抄，这就是前面说的攻弱取胜的方法。预先做好分割敌人的部署，敌人攻击就让它进入我预设的阵地，敌人往纵深攻击时就用部队将敌人的攻击队伍割裂，使敌人的力量受到削弱，而我军的力量得以保全，最后用我方预先埋伏好的精锐部队将敌包围歼灭，这就是使敌人成为强弩之末的战法。使用上述方法的要旨是，根据敌我力量对比和战场情形灵活运用，但交战前就应做好防止敌人突然袭击的准备；退败时要设法防备敌人追击，撤退的部队要保持紧密的战斗队形，使敌人不敢快速地逼近我方的后撤部队；打败敌人后，追击溃败之敌一定要保持好攻击队形，使敌人掩护撤退的伏兵不敢贸然反击我军。只有能做到这些，才能做到追击敌人时不会遭到失败，后撤时不会被敌人消灭，与敌人周旋，风驰电掣间，每一步行动都抢占先机的胜招。因此，要使部队既保持旺盛的斗志，又从容不迫，静肃而且严整，这些都是需要慎重考虑的。

分①

兵重则滞而不神，兵轻则便而多利。重而能分，其利自②倍。营③而分之，以防袭也；阵而分之，以备冲也；行而分之，恐有断截；战而分之，恐有抄击。倍则可分以乘虚，均则可分以出奇，寡则可分以生变。兵不重交，勇不远攫④，器不隔施。合兵以壮威，分兵以制胜。统数十⑤万之师而无壅溃⑥者，分法得也。

[注释]

①分：军队分散。②自：于是。③营：宿营。④攫：发挥。⑤十：原作“千”，据《清经世文编》本、天蔚书社本、《兵法圆机》本等改。⑥壅溃：堵塞溃乱。

[译文]

部队人马太多，则军辎庞大，行动迟缓而不灵活，部队兵力小则有行动轻便的好处。兵力庞大时，能够适当地进行分散，它的优势将成倍增长。宿营时分散配置，是为了防止敌人偷袭；布阵时分散部署，是为了防备敌人冲击；行军时分别行动，是担心被敌人隔断截击；作战时要分兵行动，是为了防备敌人包抄夹击。我军兵力处于优势时，分兵作战可以调动敌人，攻击敌人空虚的地方；敌我力量相当时，我军分兵可以实现出奇制胜；敌众我寡时，我军分出一部分兵力，可以做到在某一局部的战斗中，变敌强我弱为我强敌弱。军队不要挤在一起和敌人交锋，勇力不可远距离发挥，兵器难以隔着障碍使用。集中兵力可以壮大声威，分兵迎敌可以出奇制胜。统率几十万大军而不至于因堵塞溃乱导致失败，关键是掌握了分散配置兵力的艺术。

更

武不可黩①。连师境上，屡境②不息，能使师不疲者，惟有更③法。我一战而人数应，误逸为劳；人数战而我数休，反劳为逸。逸则可作，劳则可败。不竭一国之力以供军，不竭一军之力以供战，败可无虞，胜亦不扰。

[注释]

①黩：滥用。②境：战。③更：轮番更换。

[译文]

不可穷兵黩武。与敌人在边境上相持，长期作战，能够使部队不感到疲劳的，只有采用轮番上阵作战的方法才可以。我军以一部出战，而敌人以数部迎战，这样就使安逸的敌人变得疲劳；敌人连战多次而我军长时间休整，我军就由疲劳转为安逸。安逸的部队可以作战，疲劳的军队可能打败仗。不竭尽一国的力量供养军队，不竭尽全军的力量来打仗。这样的话，即使作战失败也不会有大的危险，打了胜仗也不会付出大的牺牲。

延

势有不可即战者，在能用延。敌锋甚锐，少俟其怠；敌来甚众，少俟其解；征调未至，必待其集；新附未洽[①]，必待其孚[②]；计谋未就，必待其确；时未可战，姑勿与战，亦善计也。故为将者，务观乎彼己之势。岂可以贪逞摧激而莽然一战哉！

［注释］

①洽：协调。②孚：信用，诚实。

［译文］

战场态势存在着不可以立即决战的情形，要善于等待时机。敌人士气很旺盛，就暂时不要迎敌，以等待它士气懈怠之时；敌人集中优势兵力进犯，我军就暂时不要与敌决战，以等待敌人兵力分散之时；我军征调的部队还未到达，必须要等到我军兵力集结完毕并且比较有把握之后再行动；新归附的降卒与我军原有士卒的关系还未融洽时，一定要等待他们互相信任后再行动；作战计划尚未制定完毕，一定要等到作战计划制定完毕后再行动；作战的时机尚不成熟，姑且不与敌决战，亦不失为一种好方法。因此身为大将的人，一定要明察敌我在战场上的态势，怎么能贪功逞能而贸然决战呢？

速

势已成，机已至，人已集，而犹迁延迟缓者，此隳[①]军也。士将怠，时将失，国将困，而拥兵境上，不即决战者，此迷策也。有智而迟，人将先计；见而不快，人将先发；发而不敏，人将先收。难得者时，易失者机，迅而行之，速哉！

［注释］

①隳（huī）：毁坏。

［译文］

决战的态势已经形成，时机已经到来，军队已经集结完毕，却仍然拖延迟缓不立即展开决战的，会造成军队的覆败。军队的士气将要懈怠，有利的作战时机将要失去，国家将要陷入困境，而将帅却拥兵边境上不立即与敌人作战，这是导致失败的糊涂战略。虽然有智谋却迟疑不定，敌人就要先我制订出作战计划；发现了战机而犹豫不决不能迅速抓住，敌人就会先发制人；我方虽首先采取行动，但行动不迅速，敌人仍会获得先发之利。难得的是天时，易失的是战机，必须要迅速行动，速战速决。

牵

甚矣哉！敌之不能猝[①]胜者，惟或用牵法也。牵其前则不能越，牵其后则莫敢出。敌强而孤，则牵其首尾，使之疲于奔趋；敌狈而倚，则牵其中交，使之不得相应；大而广，众而散，则时此时彼，使之合则艰于聚，分则薄[②]于守，我乃并军一向，可克也。

［注释］

①猝：突然，这里指迅速。②薄：力量薄弱。

［译文］

很正确呀！对于不能迅速打败的敌人，或许只能用牵制的办法来对付它。从前面牵制使敌人不能越雷池一步，从后面牵制使敌人不敢贸然出战。敌人强大但处境孤立，就从首尾两端牵制敌人，使它疲于奔命；敌人狼狈不堪但能互相呼应时，则从敌军整个部署的中间部分牵制敌人，使敌人不能彼此策应；敌人兵力强大而战线长，兵力多而分散，则应忽东忽西、忽南忽北地袭击它，使得它难以会合集中，分兵则又防守薄弱，然后，我军集中力量去攻击敌人的一部，这样就可以战胜敌人了。

勾[①]

勾敌之信以为通，勾敌之勇以为应。与国[②]勾之为声援，四裔[③]勾之助攻击。胜天下者用天下，未闻己力之独恃也。抑勾者乃险策，用则必防其中变。究竟[④]恩足以结之，力足以制之，乃可以勾。

［注释］

①勾：勾结，此处指争取、联合。②与国：友好国家。③四裔：指四周邻国。裔，边远的地方。④究竟：毕竟，到底。

［译文］

争取敌人的亲信为我通风报信，争取敌人的勇士作为我方的内应，与友好的国家结盟以为声援，团结四周邻国助我作战。欲称雄天下的人，要善于利用天下的力量，没有听说过单凭一国之力就可以称雄天下的。可是争取敌人内部的力量和其他国家的力量也是一种险策，实施时一定要防备中途发生变故。只有当确实有足够的恩惠以笼络他们，并且自己的实力足以控制他们时，才可以争取并使他们辅助自己。

委[①]

委物以乱之，委人以动之，委垒塞土地以骄之。有宜用委者，多恋无成，不忍无功。

［注释］

①委：抛弃，舍弃。

［译文］

有意舍弃一些作战物资使敌人发生混乱，有意用一部分士兵作诱饵来调动敌人，放弃一些壁垒、要塞和土地，使敌人产生骄傲自满、轻视我方的情绪。遇到适宜使用“委弃”这个计谋的情况时，如果过分贪恋反而一无所成，如果不忍心（委弃）就无法取得成功。

镇

夫将，志也；三军，气也。气易动而难制，在制于将之镇。镇矣，惊骇可定也，反仄[①]可安也，百万众可却灭也。志正而谋一，气发而勇倍，动罔[②]不臧[③]。

［注释］

①反仄：反复，动荡不安。②罔：无，没有。③臧：善，好。

［译文］

作为统领军队的将帅，贵在有顽强的意志，三军贵在有高昂的士气。三军之气容易波动且难以控制，而控制军队士气的关键，在于将领是否具有镇定自若、处变不惊的素质。将帅如果能镇定自若，即使遇到士兵惊慌恐骇也可很快安定，有叵测之心的人不敢另有所图，敌方即使有百万之众也可被击溃甚至被消灭。将帅意志坚定而谋略计划始终如一，军队士气奋发而勇气倍增，行动起来就没有不成功的。

胜

凡胜者，有以勇胜，有以智胜，有以德胜，有以屡胜，有以一胜。胜勇必以智，胜智必以德，胜德务祈修。善胜者不务数胜而务全胜，务为保胜。若觊小利，徒挑敌之怒，坚敌之心，骄我军之气而轻进，隳我军之志而解纽[①]，是为不胜。

［注释］

①解纽：失去维系作用，指纲纪涣散。

［译文］

取得作战胜利有多种情况：有的以勇敢取胜，有的以智谋取胜，有的以德行取胜，有的以坚持多次进攻而取胜，也有的毕其功于一役。要战胜勇敢的对手，一定要用智谋。要战胜有智谋的对手，一定要用德行。要战胜有德行的对手，一定要修炼出比对方更高尚的德行。善于打胜仗的人，不把眼光盯在几次小的胜利上，而是致力于全局的胜利，竭尽全力确保有把握的胜利。如果图眼前的蝇头小利，徒劳地去挑动激怒敌人，坚定敌人的军心，使我军产生骄傲轻敌之心而贸然前进，瓦解我军的战斗意志而动摇根本，这是不能取胜的。

全

天德务生，兵事务杀。顾体[①]天德者，知杀以安民，非害民；兵以除残，非为残。于是作不攻自拔以全城，致安戮之戒以全民，奋不杀之武以全军。毋徼[②]功，毋歆[③]利，毋逞欲，毋藉[④]立威。城陷不惊，郊市若故。无之而非全，则无之而非生矣。

［注释］

①顾体：顾念，体谅。②徼：通“邀”，求，取。③歆（xīn）：歆羡，羡慕。④藉：凭借。

［译文］

上天的恩德是致力于生息繁衍，战争的特性却是杀戮。能够体察领会上天德行的人，知道杀戮（恶人）是为了安抚人民，而不是害人民；战争是为了铲除残暴，而不是为了施暴害民。因此，攻城力求不攻自破以保全城市，严禁滥杀无辜以保全城内百姓，鼓励采用不战而屈人之兵的方法以保全军队。不要邀取战功，不要贪图私利，不要恣情纵欲，不要凭借残暴来显示威风。攻陷城池后，不要惊扰百姓，市场交易依然如故。不能做到这些就不能算是保全，不能做到保全就不能说是具有怜悯生命之心。

隐

大将行军，须多慎着，固已言周谨矣！然对垒克敌，率军驭将，事多不测。系一军进止者，当表[①]异[②]以为士卒先；系举阵存亡者，当计安以为三军恃，且行不知所起，止不知所伏，显象示人而稠众[③]莫识，刀剑森列之中，享藏身之固者，大将有隐道也。

［注释］

①表：标记。②异：特殊。③稠众：众人。

［译文］

大将统兵打仗，一定要多慎重地考虑，这一点已在“周”、“谨”两条中论述过了。但在两军对垒时，大将统率全军、驾驭部下，往往会出现许多意想不到的情况。因此，关系到全军是进还是止时，应当勇敢地做特殊标记以为士卒的先导，让士兵有所效法；在关系到整个阵地的安危存亡时，应当设计来安定三军，让他们内心有所依托，并且做到行动时不知何时出发，停止时不知下一步采取什么行动，在众人面前做出一些假象而众人却识别不出，在刀剑林立、险象环生的环境中，能够神态自若，随机应变以稳操胜券，这就是大将善于隐藏自己作战意图的表现。

下卷衍部

天　数　辟　妄　女　文　借
传　对　蹙　眼　声　挨　混
回　半　一　无　影　空　阴
静　闲　威　忘　由　如　自

目略撮言

善用兵者，明天数，辟妄说，广推其役女通文、借传不惜。对敌则蹙、眼、声、挨[1]、混、回。有用至半、一、影响之中；致机于空、无、阴、静，化于闲忘，不示威能，斯为操纵由己，而底于自如之地也，兵法至是乃极。

[注释]

①挨：同“捱”，拖延时间。

[译文]

善于用兵打仗的人，能够洞悉所谓天命的原理，摒除那些虚妄不实的邪说，努力推行其役女柔、通文书、借敌力传消息等诸计谋。对付敌人的方法，则有采取逼迫、除去敌人耳目、虚张声势恐吓、静观待机、混淆真假虚实、回马反击等。有用其部分的优势到具备整体的优势，诱敌于假象之中；把战胜敌人的计谋化于空、无、阴、静、闲适、忘我的无形之中，不向敌人展示自己的威势和能力，这才是由自己操纵掌握战争的主动权，以达到运用自如的境地。这就是用兵的最高境界。

天[①]

星浮四游[②]，原无实应，惟当所居之地，气冲于天，蒸[③]为风雨云雾。及晕芒荡摇[④]诸气，可相机行变。正应者惟阴阳寒暑、晦明之数而已。疾风飒飒[⑤]，谨防风角[⑥]；众星皆动，当有雨湿；云雾四合，恐有伏袭；疾风大雨，隆雷交至，急备强弩。善因者，无事而不乘；善防者，无变而不应，至人合天哉！

［注释］

①天：这里指天候、气象。②四游：四面游动。③蒸：变化，转变。④荡摇：摇荡。⑤飒飒：风声。⑥风角：指候四方四隅之风以占吉凶。

［译文］

天上星体的各种变化，原本和人间世事的变化没有什么相互感应的关系。只有当它们所对应的地区，水气冲入天空，变成了风雨云雾（而造成星空的隐现变化），同时影响到大气的运动。至于说星的晕环本身引起的各种不同的气象变化，人们可以根据这些变化相机利用。大地同天象正对应的，只是白天黑夜、严寒酷暑、阴天晴天的自然变化。但若遇到恶劣天气，比如狂风大作，应防避旋风；所有的星星时隐时现，这是将要下雨的预兆；当浓雾笼罩大地的时候，要提防敌人的埋伏和袭击；狂风暴雨，雷电交加，要迅速准备强弓硬弩。善于利用天候的人，没有任何事办不成；善于提早做好防备的人，对于突发事件没有不能应付的。这就是人与天气变化最完美的结合。

数[①]

用兵贵[②]谋，曷可言数？而数亦本无。风扬雨濡，在天只任自然；冻坚潮停[③]，亦是气候偶合。况胜而旋[④]败，败而复胜？

胜而君王，败而扑灭[⑤]。举争将相之能，即未图于人而人倏助；未倾于敌而敌忽误；事所未意而机或符，皆以造数，而非以数域[⑥]人。数系人为，天着何处。苟拥节专麾[⑦]，止尽其在我者而已。若管、郭、袁、李[⑧]之学，可神而不可恃也。

［注释］

①数：天数，命运。这里引申为自然之理。②贵：重视，崇尚。③冻坚潮停：江河结冰，潮水涨落。④旋：立即。⑤扑灭：失败后灰飞烟灭。⑥域：疆界，范围。这里引申为束缚、左右。⑦麾（huī）：通“挥”，指挥。⑧管、郭、袁、李：管，管辂（lù），三国时魏国的星象学家；郭，郭璞（pú），晋朝人，长于阴阳历算及五行卜筮；袁，袁天纲，唐朝人，精于相术。李，李淳风，唐朝人，精于天文历算占卜之说。

［译文］

用兵贵在用谋，怎么能说是受天命的支配呢？天命本来就不存在。刮风下雨，这只是天气的自然变化；江河结冰和潮涨潮落，也是气候的偶然变化所致。何况胜利后随即又遭到失败，失败之后又转为胜利呢？胜利的人为君为王，失败的人灰飞烟灭。以成就将相大业为己任，即使并未求助于人而别人已相助；对敌人不占优势，敌人却意外失误；或事先没料到，因机会巧合而取胜——这些都是由人造成了貌似天命的效果，并不是冥冥中有天命在左右人。命运由人来掌握，与天有什么关系呢？如果想统率好军队，掌握战争的主动权，就必须完全依靠自己的努力。像管辂、郭璞、袁天纲和李淳风等人的关于天命的学说，只能作为神话传说看待，却不能作为用兵的根据。

辟[①]

兵家不可妄[②]有所忌，忌则有利不乘；不可妄有所凭，凭则军气不励[③]。必玄女[④]、力士[⑤]之阵不搜，活曜[⑥]、遁甲[⑦]之说不事，孤虚[⑧]、风角、日者[⑨]、灵台[⑩]之学不究。迅风疾雨，惊雷赫电，幡[⑪]折马跑，适而不惑。以人事准进退，以时务决军机。人定有不胜天，志一有不动气哉！

［注释］

①辟：摒除，排除。②妄：虚妄，毫无根据的。③励：振作。④玄女：神女。传说黄帝与蚩尤作战，上天派九天玄女授给黄帝兵符，助他获胜。相传《六任》、《遁甲》等书都出于九天玄女。⑤力士：官名，主管金鼓旗帜，随行皇帝左右。⑥活曜（yào）：上帝命司生之神，因随帝而出于震（即东方）。这里指根据日月将沉没时的光芒占卜未来。⑦遁甲：古代方术之一。其法以天干中的乙、丙、丁为三奇，以戊、己、庚、辛、壬、癸为方仪，分置九宫，以甲统之，视其吉凶以为趋避。⑧孤虚：古代方术用语。即计日时，以十天干顺次与十二地支相配为一旬，所余的两地支称为"孤"，与孤相对者为"虚"。古时常用以推算吉凶祸福及事之成败。《史记·龟策列传》："日辰不全，故有孤虚。"裴骃《集解》：甲乙谓之日，子丑谓之辰。《六甲孤虚法》：甲子旬中无戌亥，戌亥即为孤，辰巳即为虚。甲戌旬中无申酉，申酉为孤，寅卯即为虚。甲申旬中无午未，午未为孤，子丑即为虚。甲午旬中无辰巳，辰巳为孤，戌亥即为虚。甲辰旬中无寅卯，寅卯为孤，申酉即为虚。甲寅旬中无子丑，子丑为孤，午未即为虚。占卜时得孤虚，主事不成。⑨日者：以占候卜筮为业的人。⑩灵台：星名，主观云物、察符瑞、候灾变。⑪幡：旗帜。

［译文］

带兵打仗的人不能没有根据地强调忌讳，否则遇到有利的时机就不能及时加以利用；不可没有限度地过于依赖别人，否则就难以激励军队的士气。一定不要去探究所谓的"玄女"、"力士"阵法，不要以"活曜"、"遁甲"的学说作为行动的指导，也不要去研究"孤虚"、"风角"、"日者"、"灵台"等卜卦算命的学问。那么即使遇到狂风暴雨、迅雷闪电、旗断马惊等情况，也要坚决行动，毫不迟疑。要根据敌我双方的实际情况来决定部队的进退，根据战时的实际情况来决定军事机宜。如果人的意志坚定了，难道天会不可战胜吗？如果全军众志成城，难道士气会不可鼓舞吗？

妄[1]

读《易》，曰大过[2]，曰无妄[3]。圣贤以无妄而免过，兵法以能妄而有功。故善兵者，诡行反施，逆发诈取，天行时干，俗禁时犯，鬼神时假[4]，梦占时托，奇物时致，谣谶[5]时倡[6]，举措时异，语言时舛[7]，鼓军心，沮[8]敌气，使人莫测。妄固不可为，苟有利于军机，虽妄以行妄，直致无疑可也。

［注释］

①妄：欺骗，虚妄，荒谬。②大过：《易》卦名，过甚之意。③无妄：《易》卦名，真实无伪之意。④假：借，假托。⑤谶（chèn）：谶语，预言吉凶得失的文字图记和隐语。⑥倡：散布。⑦舛（chuǎn）：错乱，差错。⑧沮：打击。

［译文］

读《周易》，会读到“大过”、“无妄”等卦。古代圣贤以不做荒诞虚妄的事情而避免犯错误，但用兵打仗却因能虚妄欺诈而获得成功。所以善于用兵的人行为诡诈，措施反常，声东击西，用欺骗的手段取胜，逆天时而行，违犯习俗和禁忌而行，假借鬼神的力量，托梦呓占卜，利用稀奇古怪的物品，散布谣言和蜚语，举止行动变化无常，说话时常前后矛盾，因此利用以上虚妄欺诈手段来鼓舞自己的军心，打击敌人的士气，使敌人捉摸不定。这些虚妄怪诞的事情，本来不应做的，但如果有利于军机大事，即使是虚妄欺诈的事情也仍然可以做，并且一直做到使人信以为真的程度。

女[1]

男秉刚，女秉柔。古之大将，间[2]有藉于女柔者。文[3]用以愚敌玩寇，武用则作战驱军，济艰解危，运机应变，皆有利也。

男不足，女乃行。

[注释]

①女：这里指从男女秉性不同来加以区别。②间：有时，间或。③文：柔和。

[译文]

男人秉性刚强，女人秉性阴柔。古时的大将，有时也借助于女子阴柔的力量。和平时用来愚弄麻痹敌人，作战时用来鼓动全军，排难解危，临机应变，都是很有利的。仅用男子的刚烈不足以完成任务时，就由女子的柔韧来辅助。

文

武固论勇，而大将征讨，时用羽檄[①]飞文，恒有因一辞而国降军服者。士卒稍知字句，马上诗歌，行间俚语，条约禁令，暇[②]则使之服习，或转相耳传，自闻诏[③]解义，不害[④]上为君子师，儒者兵[⑤]也。

[注释]

①羽檄（xí）：军事文书，插鸟羽以示紧急。檄文，古代用于征召、声讨的文书。②暇：空闲时间。③诏：告诫，教诲。④害：误解，误会。⑤儒者兵：指仁义之师。儒者，信奉儒家学说的人，恪守仁、义、礼、智、信等道德信条。

[译文]

作战固然要讲勇敢，但大将在出兵征讨敌国时，有时还要拟定一些需传递、发布的文书和文告，以瓦解敌人，鼓舞士气，战争中还常常会因为一篇言辞犀利的檄文的出现而使敌国顺服、敌军投降。让士兵略识一些文字，组织他们在空闲时学习行军中的队列歌曲、军事术语、条约禁令等，或是让他们相互传诵，达到自己能理解诏命军令含义的程度，这种能领会上司军事意图的军队，才是有礼教、有文化的军队。

借

古之言借者，外援四裔，内约与国，乞师以求助耳。惟对垒设谋，彼此互角[①]，而有借法乃巧。盖[②]艰于力，则借敌之力；难于诛，则借敌之刃；乏于财，则借敌之财；缺于物，则借敌之物；鲜军将，则借敌之军将；不可智谋，则借敌之智谋。

何以言之？吾欲为者诱敌役，则敌力借矣；吾欲毙者诡敌歼，则敌刃借矣；抚[③]其所有，则为借敌财；劫其所储，则为借敌物；令彼自斗，则为借敌之军将；翻彼着为我着，因彼计成吾计，则为借敌之智谋。己所难措，假手于人，不必亲行，坐享其利；敌为我资，而不见德[④]；我驱之役，法令俱泯；甚且以敌借敌，借敌之借，使敌不知而终为我借，使敌既知而不得不为我借，则借法巧也。

[注释]

①角：较量。②盖：句首语气词。③抚：控制，占据。④德：感激。

[译文]

古代兵家讲“借”的含义是：外部得到四方邻国的援助，内部得到各盟国的配合，乞求他国的军队来帮助自己。只是在两军对垒设谋定计、敌我双方相互争斗时，如果能使用借助之法，这才称得上巧妙。自己的力量不足，就要设法借助敌人的力量；自己难以诛杀敌人，就要想办法借用敌人的兵刃；缺乏金钱，就要设法借用敌人的金钱；缺乏物资，就要设法借用敌人的物资；自己缺乏将领，就要设法借用敌人的将领；自己的智谋如果行不通，就要设法借用敌人的智谋。

这些话怎么解释呢？我们想做的事情，诱使敌人去替我们做，就等于借用敌人的力量；我们想诛杀敌人就使用诡诈手段诱使另一部敌人去歼灭他，就等于借刀杀人了；夺取敌人的财物，就等于借用了敌人的钱财；夺取敌人的储备，就等于借用了敌人的物资；设法使敌人内部产生斗争，相互残杀，以此削弱其力量，就等于借用了敌人的将领；把敌人用来对付我方的计谋变为我方反过来对付敌人的计谋，利用敌人的计谋来完成我方的计谋，就等于借用了敌人的智谋。自己难以做到的事情，就可以借助敌人的力量去完成，不必亲自动手，就可坐收其利；敌人为我方提供资助，但却得不到我们的感激；驱使敌人为我方效劳，但我方并不依赖法令；甚至还可以驱使敌人利用另一敌人的力量为我们所用，或者借用敌人利用我们的机会反过来加以利用而使我们自己达到目的，使敌人不知不觉间为我方所用，即使敌人发觉也不得不被我方所借用，这才是最巧妙的借助之法。

传①

军行无通法②，则分者不能合，远者不能应。彼此莫相喻，败道也。然通而不密③，反为敌算。故自金、旌、炮、马、令箭、起火、烽烟报警急外，两军相遇，当诘④暗号；千里而遥，宜用“素书”⑤，为不成字，无形文，非纸简。传者不知，获者无迹，神乎神乎！或其隔敌绝行，远而莫及，则又相机以为之也。

[注释]

①传：这里指通信联络。②通法：通信联络的方法。③密：保密。④诘：询问。⑤素书：原指黄石公《素书》，这是一部类似“语录”体的兵书，流传甚广，影响很大。这里指行军作战时军队通信联络时所用的秘密代码。

[译文]

军队行军作战时如果相互之间没有通信联络的方法，那么分散的部队就难以相互配合，相隔很远的部队就难以相互策应。彼此之间不理解作战意图，这是失败的做法。然而，如果能通信联络却不能保密，反而会被敌人所算计。所以，作战时除了要准备锣鼓、旌旗、信炮、探马、令箭、起火、烽烟等用来通报警急情况以外，两支军队相遇时，应当互相询问识别暗号；和远处的军队联系，应当用没有文字的书信，即不成字体，不成行文，也不用纸张和竹简，送信的人不知道它的意思，即使落到敌人手中也不至于泄密，这种方法真是神奇啊！如果通信被敌人阻断不能通行，并且相距遥远难以联络，那么就要根据具体情况相机行事。

对

义必有两，每相对而出。有正即有奇，可取亦可舍。对，古今智能人，已筹略时宜可否、战阵利害中，机法生焉，变化神焉，有无穷之用矣！

［译文］

任何事情都有两方面，这两个方面往往是相对地存在的。有“正”即有“奇”，有可取的就有可舍的。这是相互对立的两个方面，古往今来，聪明能干的人把它放在运筹用兵时机的可否、战阵有利与有害两方面中进行筹划分析，从而拟订出正确的作战方法。战法变化莫测，这就是其变化没有穷尽的妙用。

蹙[①]

谋于心曰计，力可为曰能。从心运者虚，见诸为者实。有能则能［计］，虽半计而亦可生计。无能则无从计，而善计皆空，筹空非计也。计必计所能，不惟攻击能，战守能，即走、降、死亦必要之能。故善兵者，审国势己力，师武财赋，较于敌以立计。英雄善计者而有束手之时，无用武之地，势不足而能不在耳。蹙之者，于势能未展之日，则俯首受制。无计之计，止有一避；无智之智，止有一拙；无能之能，暂庸一屈。角而利，爪而距[②]，不可蹙矣。

［注释］

①蹙（cù）：窘迫，这里指形势不利时的退避之计。②距：鸡的附足骨，搏斗时用以击刺对方。

［译文］

用心筹划的方案叫做“计”，有力量将行动方案付诸实施的叫做“能”。还在心中谋划的是虚，见诸于行动的为实。如果有能力就能将计划变为现实，即使计划还不成熟也能使其完善。没有实施能力就无从计议，即使再好的计划也会在实施中落空，运筹的计划不能实现就没有实际意义。制定计划必须考虑自己是否有能力实现，还有攻击能力、守御能力，即使是败走、投降、战死等也要有相应的能力。因此，善于用兵的人，要查明自己的国势力量、军事战备以及经济实力等情况，并与敌人进行比较后再制订相应的军事行动计划。英雄和善于筹划的人，也有束手无策的时候，也有才华难以施展的情况，这是由于形势所迫，他们的能力也无以施展了。受形势所迫处境窘迫的人，他潜在的力量不能施展时，就只有俯首受制于人。无计可施时临时想出的办法，也只有暂时躲避这一招；不具备智慧的人所想出的计谋，只能是笨拙的方法；没有能力施展自己的计划，就只有屈服于人。如果像有的动物那样，头上有角并且很锋利，有爪而且善于对敌击刺，这样（遇到困境）就很难把它逼到窘迫之地。

眼

敌必有所恃而动者，眼也。如人有眼，手足举动斯[①]便利。是以名将必先观敌眼所在，用抉剔[②]之法。敌以谋人为眼，则务祛[③]之；以骁将为眼，则务除之；以亲信为眼，则能疏[④]之；以名义为眼，则能坏之。或拔其基根，或中其要害，或败其密谋，或离其恃交，或撤其凭借，或破其惯利，此兵家点眼法也。点之法，有阴、有阳，有急、有缓。人有眼则明，弈有眼则生。绝其生而丧其明，岂非制敌之要法哉？

［注释］

①斯：就。②抉剔：挖出，剔除。③祛（qū）：除去。④疏：使疏远。

［译文］

敌人行动时一定有所倚仗，这就是通常所说的“兵眼”。这就如同人有了眼睛，手脚的动作才会便利一样。因此，名将在用兵打仗时一定要先弄清敌人的“兵眼”所在，然后设法除掉它。如果敌人以谋士为“眼”，就一定要除去他；以骁将为“眼”，就一定要干掉他；以亲信为“眼”，就要设法疏远他们的关系；以名誉为“眼”，要设法加以诋毁，败坏他们的名气。另外，或者拔掉敌人的根基，或者打击敌人的要害，或者揭露敌人的密谋，或者离间敌人的外交同盟，或是去除敌人的依靠，或者破坏敌人一贯的优势，这些是兵家常用的“点眼”之术。“点眼”的方法，有的隐蔽，有的公开；有的急，有的缓。人有眼睛才能看清一切，下围棋有眼才能将全局走活。用兵打仗时，断绝敌人的生路，并且使敌人丧失眼睛，这难道不是制伏敌人的重要方法吗？

声[1]

师以义动者，名兵也。惊使数动者，虚喝也。敌夜营，遥诱以火鼓，实迫以金炮，制敌前后，伏兵两路，使敌逃窜而歼之者，啄木画[2]也。轰轰隐隐，万人咤[3]自云端，名曰天唳[4]；潺潺[5]泡泡[6]，千军噪营于内，名曰鬼嗜[7]。如潮回，如霍[8]清，震敌上下不知所由，使敌自相击撞，而灭绝之者，落物朔[9]也。

[注释]

①声：声音，此处泛指用声音制敌。②啄木画：啄木鸟啄击树干的不同部位以捕虫，喻指以声音多方扰敌，进而歼敌。③咤：高吼，大声呼喊。④唳：鹤叫的声音。⑤潺潺：水缓慢流动的声音。⑥汹汹：急流的声音。⑦嘒(huì)：小声。⑧霍：通“鹤”，指鹤鸣叫的声音。⑨朔：北风。

[译文]

为伸张正义而出动的军队，是师出有名的军队。惊吓敌人，使其内部不断发生骚动，这是虚张声势恐吓敌人的方法。敌人夜里宿营时，在远处以火光和鼓声吸引敌人的注意力，同时派一支兵力迫近敌人并以锣声和炮声对敌进行恐吓，扼制敌人的前方和后路，在敌人两翼设下伏兵，使敌人四处逃窜，乘机将其歼灭，这就像啄木鸟在树干上敲击捕虫一样。示以轰轰烈烈的声音，如同万人隐藏在云端高声吼叫，这种恐吓敌人的声音名为“天唳”；示以水流潺潺的声音，像是千军在营内喊叫，这声音如同“鬼嘒”；声音如汹涌澎湃的潮水，又像鹤鸣声声，使受到震骇的敌人不知所措，使得敌人自相践踏，进而乘机消灭他们，就像凛冽的北风横扫落叶一样。

挨[1]

天道后起者胜，兵法撄[2]易不撄难。威急者，索[3]也；锐犀[4]者，挫也。敌动我能静，我起乘敌疲。敌挟众而来，势不能久，则挨之；其形窘迫急欲决战，则挨之；彼战为利，我战不利，则挨之；时宜守静，先动者危，则挨之；二敌相搏，必有伤败，则挨之；有众而猜，必至自图[5]，则挨之；敌虽智能，中有掣者，则挨之；……天时将伤[6]，地难将陷，锐气将堕，则挨之。挨之乃起而收之，则力全势遂[7]，事简功多。古之所为[8]宁观，为徐俟，为令彼自发，皆是也。可急则乘，利缓则挨，故兵经有后义。

[注释]

①挨：同“捱”，拖延的意思。文中的“挨”与此意相同。②撄(yīng)：触犯，扰乱。这里引申为“攻击”。③索：尽。④锐犀：坚固锐利，这里指部队精锐强悍。⑤自图：自相残杀。图，图谋。⑥伤：损害。⑦遂：成功。⑧为：同“谓”，说的意思。

[译文]

事物发展的一般规律是后来者居上，就兵法来说，是击弱不击强。来势汹汹的军队，是容易灭亡的军队；非常锐利的东西，容易钝挫。敌人蠢蠢欲动的时候我能静以待变，敌人疲惫的时候我就乘机攻击他。敌人以优势兵力大举进犯，但其势难以持久时，我就拖延时间；一旦打起来形势对敌有利而对我不利时，我就拖延时间；当情况宜于沉着应对，谁先动手谁就有危险的时候，就拖延一下时间；两股敌人正在相互争斗，必有一方受损或失败，此时就要拖延时间；敌人虽多但互相猜疑，必定自相残杀，此时，就要拖延时间；敌人将领虽然智勇双全，能力过人，但其内部有掣肘的力量，此时也要拖延一下……敌人一旦失去天时地利条件，其锐气将要衰竭时，我就拖延时间。把敌人拖垮后再起兵收拾他，就能保全自己的实力，击败敌人，不费吹灰之力就能取得胜利。就像古人所讲的沉静地观察形势变化，耐心地等待，让敌人先行发动，讲的就是这个道理。形势利于急攻时就要抓住战机打击敌人，适宜缓慢行动时就要拖延时间，所以兵法上有后发制人的理论。

混[1]

混于虚，则敌不知所击；混于实，则敌不知所避；混于奇正，则敌不知变化；混于军、混于将，则敌不知所识。而且混敌之将以赚[2]军，混敌之军以赚将，混敌之军将以赚城营。同彼旌旗，一[3]彼衣甲，饰彼装束相貌，乘机窜入，发于腹，攻于内，歼彼不歼我，自辨而彼不能辨者，精于混也。

[注释]

①混：蒙混，混淆，这里指伪装、浑水摸鱼。②赚：骗取，夺取。③一：统一，和……一样。

[译文]

把我方的空虚处伪装起来，敌人就不知该从哪里攻击；把我方的充实处隐藏起来，敌人就不知该如何躲避；把我方的奇正混淆起来，敌人就不知我会怎样变换；乔扮成敌人的军队或将领，敌人就难以识别。而且还可以冒充敌人的将领去骗取他的军队，冒充敌人的军队去欺骗其将领，冒充敌人的军队和将领骗取敌人的城池和营寨。打着敌人的旗帜，穿上和敌人一样的衣服铠甲，装束和相貌都打扮成敌人的模样，利用有利的机会乘机窜入敌营，然后从敌人内部发起进攻，攻击敌人的主力，我军能歼敌但敌人却不能歼我，我军自己能相互识别但敌人却辨不出真假，能这样运用就算精通蒙混的方法了。

回[1]

凡机用于智者一则间[2]，用于愚者二而间，数受欺而不悟者三而间。间三而迫奇莫测；间二而迫人所度[3]；间一而迫颠[4]于法。一出二，二出三，随势变迁，随形变迁；三迫[5]二，二迫一，随势归复，随形归复。

[注释]

①回：量词，表示次数，这里指重复使用。②间：变化，改变。③度(duó)：揣测。④颠：跌倒。⑤迫：往复，回复。

[译文]

凡是计谋，对于聪明的敌人用一次就要改变，对愚蠢的敌人连续用两次就要改变，对数次受欺骗而不省悟的敌人，使用三次也需要更换。同一计谋使用三次就促使我方改用使敌人感到神奇莫测的方法，使用两次就促使我方改用让敌人难于预料的方法，使用一次就促使我方采用反常用兵之法。运用一种战法由一次到两次，由用两次到三次，要根据态势的变化而变化，根据情形的变化而变化；一种战法连着使用三次到两次，由连续使用两次到一次，道理是一样的，都要根据具体形势的变化而变化。

半[①]

凡设谋建事，计有十，行之仅可得五，其半在敌与凑合[②]之间；行有十，而计止任其五，其半在敌与凑合之间。故善策者多惕，曰：我能谋人则思敌能谋我者，至视天下皆善谋，则可制天下之谋生。是精谋勇战操[③]其一，敌之抵应[④]操其一，地天机宜操其一，必谛[⑤]审。夫彼多而此少，或此多而彼少，能合于三，其势乃全。故当以半而进乎全也。

［注释］

①半：留有余地。②凑合：凑巧，巧合。③操：占据。④抵应：对策。⑤谛：详细，仔细。

［译文］

凡是要制订计策做某件事时，计策有十分的把握，能够实施的方案可能只有五分，另外的一半取决于敌方的情况和战机的巧合；有时行动取得了十成的成功，而计策的作用只占了其中的五成，另外的一半也取决于敌情和战机的巧合。因此，善于谋划的人多保持着高度的警惕性，其原因是，我能算计敌人，还要考虑到敌人也会算计我，甚至要把天下的人都看做善于谋划的人，才能制订出制伏天下的智谋。这就是说，要把我方谋略精密和勇敢善战作为一个方面，把敌人可能采取的对策作为一个方面，天时地利和有利的战机作为一个方面，详细地加以分析比较，是那个方面有利条件多而这方面有利条件少，还是这方面有利条件多而那方面的有利条件少，能综合这三方面的优势，也就造成了全局有利的形势。所以，在制订作战计划时，应当有具备一半的优势发展到具备全部的优势。

一[①]

行一事而立一法，寓一意而设一机，非情之至也。故用智必沉[②]其一，用法必增其一，用变必转其一，用偏[③]必照其一，任[④]局必出其一，行之必留其一，尽之必翻其一。盖以用为动，以一为静；以用为正，以一为奇。止于一，余一不可。一不可一余，一不可一尽。二余一则三之，四余一而五之，京秭沟涧[⑤]而极正之，此阿祇那由[⑥]之，不可无量也。余一也，精之致也。

［注释］

①一：量词，这里指作战方案的多少。②沉：暗藏。③偏：偏重。④任：担当，承担。这里指掌管、掌握。⑤京秭沟涧：古代亿以上的数目名。依次递增，“正”为最大。⑥阿祇那由：即阿僧祇、那由他，均为梵语的数目名，近于无穷大。

［译文］

一个作战行动只准备了一种打法，一种作战意图只设定了一种计谋，这是非常笨拙的用兵方法。所以运用智谋一定要准备一种应变的备用方案，运用兵法一定要创造一种新的战法，运用机变一定要能将其再转变为另一种机变，注重某一方面时，一定要照顾到另一个方面，把握全局一定要考虑到总的战略意图，军队采取行动时一定要留一支预备队，无计可施时要善于从相反的方面想一想。一般运用是把付诸实施的计划作为“动”，把准备的一手作为“静”；将准备采用的打法作为正，将预备的战法作为奇。军事行动只用一种打法，但还必须保留一个预备方案。一次作战不能只设计一种战法，一次交锋不能没有预备方案。如果需要两种方案，则应预备一种，那么加起来就需要设定出三种方案；如需要四种方案，预备一种方案，加起来就需设计五种方案……以至于达到无穷的程度，但实际上真正可行的作战方案不是无穷多的。总之，不管在什么情况下我都比敌人多一招，这样才称得上是高明的谋略家。

无[1]

大凡着于有者，神不能受[2]也。不能受，则遇事不自持，其不蠛衄[3]者希矣。故善用兵者，师行如无，计设若否，创奇敌大阵而不动，非强制也。略[4]裕于学，胆经于阵，形见于端，谋图于朔[5]。

[注释]

①无：没有。这里指战略战术让敌方看不出、识不破，达到出神入化的程度。②受：保佑。③蠛衄（miè nǜ）：流血失败。蠛，虫名，体微细，将雨，群飞塞路，引申为轻视、小看。衄，鼻出血，后泛指出血。④略：谋略，计谋。⑤朔：原指农历初一，引申为开始。

[译文]

大凡用兵的招数为众人所知，就不能说是神奇。用兵达不到神奇的地步，遇到事情就不能加以控制，这样的部队不打败仗是少有的。因此，善于用兵的人，军队行动时就好像没有行动一样，设置了计谋就好像根本没有一样，重创强大善战的军队而军容如故，这不是单靠力量的强大所能做到的。足智多谋靠勤奋学习，超人的胆量在于久经战阵的锻炼，在敌人行迹刚露端倪之时就识破它，谋略运筹要在敌人行动之前。

影[1]

古善用兵者，意欲如此，故为不如此以行其意，此破军擒将降城服邑之微法[2]。今则当意欲不如此，故为不如此，使彼反疑为意欲如此，以行其意欲不如此，此破军擒将降城服邑之微法。故为者，影也；故为而示意者，影中现影也。两鉴[③]悬透三千丈哉！

［注释］

①影：阴影，倒影。这里指反映指挥者实际意图的现象。②微法：巧妙的方法。微，巧妙的。③鉴：镜子。

［译文］

古时善于用兵的人，本来打算这样做，却故意装作不这样做来实现自己的意图。这是击败敌军，活捉敌将，降服敌人城邑的巧妙方法。今天作战时则应再加一条，即本来不想这样做，还故意向敌人装作不得不这样做，使敌人反而怀疑我真要这样做，因而设法阻挠我，从而达到我不这样做的作战计谋的实现，这也是击败敌军，活捉敌将，降服敌人城邑的更为巧妙的方法。故意作出行动，是假象；故意这样做还显示这样做的意图，是用假象来显示假象。即以假隐真和以真隐真，这就像高悬着的两块儿明镜，可以洞悉战场上的一切。

空[①]

敌之谋计利，而我能空之，则彼智失可擒[②]。虚幕[③]空其袭，虚地空其伐，虚伐空其力，虚诱空其物。或用虚以空之，或用实以空之。虚不能则实诡，幻[④]不赴功；实不能则虚就，其寡奇变。运行于无有之地，转掉于不形之初。杳杳冥冥[⑤]，敌本智而无所着其虑，敌未谋而无所生其心。洵[⑥]空虚之变化神也！

［注释］

①空：即徒劳，指使敌方计划落空。②擒：打败。③幕：幕帐。④幻：欺骗，幻象。⑤杳（yǎo）杳冥冥：深远幽暗的样子。⑥洵：诚然，实在。

［译文］

如果我能使敌人制订的作战计划落空，敌人就会因失算而被打败。使敌人谋划落空的方法有：虚设幕帐使敌人突袭我军的企图落空，虚设战地使敌人的进攻计划落空，采取佯攻的方式来消耗敌人的力量，用假象多方引诱迷惑敌军来消耗敌人的作战物资。或者用虚张声势的方法使敌人的计谋落空，或是用实际的军事行动使敌人的作战计划落空。如果只能虚不能实，欺骗的手段是不能完全成功的；如果只能实不能虚，临事就会缺少出奇制胜的变化。运筹计谋在敌人意料不到的地方，战法变化于尚未暴露形迹之前，渺渺茫茫，深远幽暗，即便非常聪明的敌人也无从判断思考对策，敌人虽有智谋也不知从何处去用心计。这样，空虚的运用就确实达到了神奇的境界。

阴

阴者，幻①而不测之道。有用阳而人不测其阳，则阳而阴也；有用阴而人不测其阴，则阴而阴也。善兵者，或假阳以行阴，或运阴以济阳，总不外于出奇握机，用袭用伏，而人卒②受其制，讵③谓阴谋之不可以夺阳神哉！

[注释]

①幻：变幻莫测。②卒：最终。③讵（jù）：难道，哪里。

[译文]

所谓用阴，是指变幻莫测的隐蔽的用兵方法。采用公开的方式行动而敌人不能判断，那么公开的方法就变为隐蔽的方法；使用了阴谋，而敌人未能识破，那么它就真成了阴谋。善于用兵的人，或者借助公开的行动来掩护隐蔽的行动，或者用隐蔽的手段来帮助实现公开的行动，具体的用兵方法总不外乎出敌不意，把握战机，使用奇袭和伏击的手段，使敌人最终为我所制伏。谁能说隐蔽的计谋不能胜过公开的计谋呢？

静[①]

我无定谋，彼无败着，则不可动；事虽利而势难行，近少遂[②]而终必失，则不可动。识未究底，谋未尽节[③]，决不可为随数任机之说。当激而不起，诱有不进，必度可动而后动，虽小有挫，不足扰也。妄动躁动，兵家亟戒！

[注释]

①静：这里喻为军事行动中非动即静。②遂：成功。③节：犹适，恰好。

[译文]

我军尚未制订确有制胜把握的计划，敌人尚未出现败招，就不可采取军事行动；具体条件虽然有利于我方，但从整个形势大局来说，还难以行动，或是即使暂时能取得小胜，但最终必遭失败的情况下，不可贸然行动。对敌我双方的情况还没有彻底弄清，作战计划还未达到尽善尽美，决不可用在行动中随机应变的意见；应当做到不因敌人的激将而起兵，不因敌人的引诱而跟进，一定要在确有胜利把握时再采取行动。这样，即使是遇到小的挫折，也不值得忧虑。妄动和急躁，是兵家的大忌。

闲[①]

纷纠中，没掂三[②]设一步，人不解其所谓；宽缓处，不吃紧[③]立一局，似觉属于无庸，厥后凑乎事机收此着之用，则所关惟急。是知兵有闲着，兵无闲着。

[注释]

①闲：这里引申为与人决战时留下一招，以备救急和不测。②没掂三：明代俚语，意为不加考虑、糊涂。③不吃紧：俚语，意为不当紧、不关紧。

[译文]

在杂乱的棋局中，不经意地走了一步，别人不能明白其用意所在。在宽闲之处，无关紧要地设一局，让人觉得似乎是无用的招数，其后遇到机会，才发现这一招事关重大。因此可知用兵打仗表面上似乎闲招，而实际上没有闲招。

威

强弱任于形，勇怯生于势，此就行间之变化言也。若夫善用兵者，运乎天下之所不及觉，制乎天下之所不敢动，战乎天下之所不能守，扼乎天下之所不得冲，奔乎天下之所不可支，离乎天下之所不复聚。威之所慑，未事革兵而先已惧，既事兵革而莫能敌。一时畏其人，千秋服其神。

［译文］

部队战斗力的强弱取决于实力的大小，将士的勇敢或怯懦取决于所处的军事态势，这是就两军力量形势的变化而言的。至于那些善于用兵的人，运用天下人觉察不到的力量，制伏天下都不敢轻易侵犯的对手，攻打天下难以守卫的地方，控制天下不能冲破的险阻，冲击天下难以对付的敌人，离散天下难以再次聚集的兵力。强大军威的震慑作用，未动刀枪就能使敌人闻风丧胆，军队出动后没有人能够抵挡。这样的将领同时代的人敬畏他的伟业，千万年以后人们也会敬佩他的用兵如神。

忘[①]

利害安危，置之度外，固[②]必忘身以致君矣；而不使士心与之俱忘，亦非善就功之将也。然而得其心者，亦自有术：与士卒同衣服，而后忘夫边塞之风霜；与士卒同饮食，而后忘夫马上之饥渴；与士卒同登履，而后忘夫关隘之险阻；与士卒同起息，而后忘夫征战之劳苦；忧士卒之忧，伤士卒之伤，而后忘夫刀剑镞[③]戟之瘢痍[④]。事皆习而情与周[⑤]。故以战斗为安，以死伤为分，以冒刃争先为本务，而不知其蹈危也。两忘者，处险如夷，茹[6]毒如饴[7]也。

［注释］

①忘：这里引申为舍生忘死地作战。②固：一定，必然的。③镞（zú）：箭头。④瘢（bān）痍（yí）：伤口愈合后留下的痕迹。⑤周：周到。⑥茹：吃。⑦饴：糖浆。

［译文］

作为军队的将领能把个人的安危利害置之度外，固然称得上是舍身忘死报效君主的人；但是如果不能使士卒和自己一样舍身忘死，那么他还算不上是成功的优秀将领。不过，那些能赢得士兵信任和拥戴的将领，自有他们征服人心的方法：与士兵穿同样的衣服，使他们忘掉边塞风霜之苦；与士兵吃同样的饭菜，使他们忘掉行军中的饥渴、辛苦；与士兵一同跋山涉水，使他们忘记攀越关隘险阻的艰辛；与士兵同时起居，使他们忘掉征战中的疲劳辛苦；把士兵的忧愁作为自己的忧愁，把士兵的伤痛作为自己的伤痛，使他们忘记刀剑镞戟的创伤。既能使士兵技能熟练，又能对他们无微不至地关怀，士兵就会安心战斗，以战死沙场为本分，以冒险冲锋为己任，即便自己身陷危险之中也不畏惧。如果将领和士兵都能做到舍身忘死地去战斗，部队就会处险若夷、饮毒如蜜。

由[1]

进止战守由我，斯有胜道。由我则我制敌，由敌则为敌制。制敌者，非惟我所不欲，敌不能强之使动，即敌所不欲，我能致之不得不然也，甚至敌以挑激之术，起我愤愠，能遏而不应，斯真能由我者。

［注释］

①由：听从，这里指控制行动的主动权。

［译文］

部队进退战守的主动权都掌握在我手中，这样就有了取胜的可能。主动权在我，我就能控制敌人；主动权在敌人，我就会被敌人控制。所谓控制敌人，并不单指我不愿做的事情，敌人不可能强迫我去做，还包括敌人不愿做的事情，我却能迫使他不得不做，甚至还包括敌人用挑衅和激将的方法，企图激起我的怒火，我却能控制自己的情绪不中敌人的计谋，这才是真正把控制行动的主动权掌握在自己的手中了。

如①

以智服天下，而天下服于智，智故不胜②；以法制天下，而天下制于法，法亦匪③神。法神者，非善之善者也。圣武持④世，克无城，攻无垒，战无阵，刃游于空，依稀乎⑤酿⑥于无争之世，则已矣。渊渊涓涓，铿铿铮铮。

［注释］

①如：含有顺从、依照、相似等意思。②不胜：不能胜任。③匪：非。④持：控制，主宰。⑤依稀乎：仿佛间。⑥酿：造就。

［译文］

用智谋征服天下，天下虽然屈服于智谋，这样的智谋也算不上是最好的；用法律去控制天下，天下虽然也被法律所制伏，但法律也算不上是最好的。即便是运用法律非常高明的人，也算不上是最善于治理天下的人。圣明的君主治理天下，攻克没有攻城略地的举动，攻战没有突壁破垒的表现，交战没有对阵厮杀的情景，解决问题不费什么力气，好像是一个没有战争的世界。这样，潺潺的流水声代替了刀剑拼杀的铿锵之声。

自①

性②无所不含，狃③于一事而出，久则因任自然。故善兵者，所见无非兵，所谈无非略，所治无非行间之变化。是以事变之来，不待安排计较，无非协畅于全经。天自然，故运行；地自然，故未凝④；兵自然，故无有不胜。是以善用兵者，欲其自然而得之于心也。《诗》曰："左之左之，无不宜之；右之右之，无不有之。"⑤

[注释]

①自：顺其自然，应用自如。②性：自然规律。③狃（niǔ）：习惯，熟习，习以为常。④凝：水遇冷而固结。这里意为凝结。⑤左之左之，无不宜之；右之右之，无不有之：语出《诗经·小雅·裳裳者华》，原文作"左之左之，君子宜之；右之右之，君子有之"。意为：要向左啊就向左，君子应付很适宜；要向右啊就向右，君子发挥有余地。在本书中，作者的意思是不论文事、武事，都能处置得当。左，指文事、吉事。右，指武事、凶事。

[译文]

任何事情都有自己的特性和规律，经常做某件事情，时间长了就能达到运用自如的地步。因此，善于用兵的人，所见到的无非是军队，所谈的无非是兵法战略，所研究的无非是军队的攻守变化。因此，当突然的事变发生时，预先没做安排，无非是靠自己对兵法的自如运用。天有自己的规律，所以能周而复始地运行；地有自己的规律，所以不曾凝固不动；用兵掌握规律，就能战无不胜。因此，善于用兵的人，为了掌握用兵的规律而潜心研究，正如《诗经》所说："左之左之，无不宜之；右之右之，无不有之。"也就是说不论文事武事，都能得心应手，左右逢源，无所不能。

唐李问对

前 言

《唐李问对》，又名《唐太宗李卫公问对》、《唐太宗与李靖问对》、《李卫公问对》，因全书以李世民与李靖一问一答的形式写成而得名，是一部问答体的兵书。

李卫公，即卫国公李靖，字药师，京兆三原（今陕西三原县东北）人，唐初杰出的军事家、军事理论家。他出身于官宦世家，是隋朝名将韩擒虎的外甥。隋末起兵反隋，后为唐太宗的股肱大臣。李靖战功卓著，在其戎马生涯中曾多次指挥重大战役并取得胜利，这不仅是因为他勇敢善战，更是因为他有着卓越的军事思想与理论。他总结自己一生的实战经验，著有多部优秀的军事著作，仅见于《旧唐书·经籍志》、《新唐书·艺文志》著录的就有《六军镜》3 卷、《阴符机》1 卷、《玉帐经》1 卷、《霸国箴》1 卷，《宋史·艺文志》著录的还有《韬铃秘书》1 卷、《韬铃总要》3 卷、《卫国公手记》1 卷、《兵钤新书》1 卷以及《弓诀》等。可惜，这些著作后世都失传了。《唐李问对》一书是李靖军事思想的集中体现。

《唐李问对》，顾名思义就是唐太宗李世民与卫国公李靖论兵的言论辑录。但是自该书行世以来，历代学者对它的怀疑就没有停止过，有不少人认为它是北宋仁宗（1023—1063 在位）时人阮逸的伪托之作。有人因《唐李问对》不见于《旧唐书·经籍志》、《新唐书·艺文志》,《太平御览》、《武经总要》等书没有引用,其语言又比较浅陋,而认为此书赝作,当成书于北宋中叶。但也有学者从其思想性和所反映的史实判断本书并非宋人假托,曾有学者提出《问对》中所提到的有些上古阵法宋人已不甚了解,这一点很值得注意。关于此问题,迄今尚无定论。

《唐李问对》在宋代被定为《武经七书》之一,全书分为上、中、下三卷,共10300余字,比较全面系统地反映了唐太宗李世民和李靖的军事思想。书中涉及的军事问题比较广泛,既有对历代战争经验的总结和评述,又有对古代兵法的诠释和发挥;既讲训练,又讲作战;既讨论治军,又讨论用人;既有对古代军制的追述,又有对兵学源流的考辨,但其主要内容为训练、作战以及两者之间关系,是围绕着"奇正"二字来讨论问题的。

《唐李问对》上卷主要论述了作战中奇正战术的运用。奇正是古代军事学术中一个十分重要的概念,对此问题的深入探讨也正是全书的亮点之一。《唐李问对》中对奇正论述非常深刻,它认为"奇"与"正"不仅指兵力的配备,更指战术变化的原则,强调奇正要结合起来运用,变化无穷,使奇正的理论和运用达到了新的高度。

《唐李问对》非常重视阵法训练,主张从实战需要来训练士兵,以达到在战斗中"斗乱而法不乱"、"形圆而势不散"、"绝而不离,却而不散"的效果。它还提出了由单兵到小分队,由小分队到大部队的训练程序,即由伍法而队法而阵法。这种教战之法,做到了从低级到高级,先简单后繁难,循序渐进,符合人类的认识规律,无疑是科学的,在今天仍不失其进步意义。书中还提到了阵形的变化,涉及许多古代的战阵,其中有些今已失传,但本书对这些阵法做了较为详细、深入的阐述。

《唐李问对》十分重视部队的管理、教育和军事训练。在军事素质方面，李靖认为核心问题是加强军队内部的团结，搞好官兵关系，其原则就是“爱设于先，威设于后，不可反是也”。就是说，恩威并施，在赏罚并用的治军原则中“恩”是“威”的前提，要以爱兵为上，将帅要精通练兵的方法。他还谈到训练要根据部队的不同特点，区别对待，扬长避短。

《唐李问对》在中国军事学术史上占有重要的地位。它提出了一些新的见解，丰富并发展了前人的一些光辉思想。毋庸置疑，书中也存在一些错误和不足之处，如对李勣明黜暗用的封建权术，提出阴阳术数为诡道之术的封建愚兵政策等，但这些错误和不足并没有构成这部著作的主要方面，充其量只是白璧微瑕。我们今天应持客观的态度，充分肯定它的价值。

北宋元丰三年（1080），宋神宗诏令校订《孙子兵法》、《唐李问对》等七书为《武经七书》，镂版刊行，但北宋及其以前的版本今天已不可见。现存最早的刊本是南宋孝宗、光宗年间刻印的《武经七书》本。此后众多丛书本及清刻、清抄本大多源于此本。现存比较重要的注释本有宋施子美的讲义本、明刘寅的直解本、清朱墉的汇解本。本书在译校的过程中参考了吴如嵩、王显臣的《李卫公问对校注》（中华书局 1983 年版）和伊力等主编的《兵家智慧全书》（中州古籍出版社 2000 年版）等著作。

卷 上

太宗[①]曰："高丽[②]数侵新罗[③]，朕遣使谕，不奉诏，将讨之，如何？"

靖[④]曰："探知盖苏文[⑤]自恃知兵，谓中国无能讨，故违命。臣［请］师三万擒之。"

太宗曰："兵少地遥，何术临之？"

靖曰："臣以正兵[⑥]。"

太宗曰："平突厥[⑦]时用奇兵，今言正兵，何也？"

靖曰："诸葛亮七擒孟获[⑧]，无他道，正兵而已矣。"

太宗曰："晋马隆[⑨]讨凉州，亦是依八阵图[⑩]，作偏箱车[⑪]。地广，则用鹿角车营[⑫]；路狭，则木屋施于车上，且战且前。信乎，正兵古人所重也！"

靖曰："臣讨突厥，西行数千里。若非正兵，安能致远？偏箱、鹿角，兵之大要：一则治力，一则前拒，一则束部伍，三者迭相为用。斯马隆所得古法深也！"

［注释］

①太宗：即唐太宗李世民，626—649年在位。大业十三年（617），劝其父李渊起兵反隋，后任尚书令，封秦王。曾先后率兵镇压各路起义军，平定各割据势力，在建唐过程中立功最多，但被兄弟所忌。武德九年（626）六月，

在尉迟敬德等人的支持下，李世民发动玄武门之变，夺得帝位。次年改年号为贞观。其在位期间，知人善任，虚心纳谏，注重恢复发展社会经济和加强同少数民族的贸易文化交流，但因晚年连年用兵，营建宫室，赋役繁重，加深了阶级矛盾。②高丽：朝鲜古国，即高句丽，唐太宗时都平壤，位于今朝鲜北部及其附近地区。③新罗：朝鲜古国。位于今朝鲜东南部，北临高句丽，西接百济。公元 1 世纪，朝鲜出现新罗、百济、高句丽三国并立的局面。④靖：即李靖（571—649），本名药师，京兆三原（今陕西三原东北）人，唐初军事家。少有文武才略，熟读兵法。隋末任马邑郡丞。唐高祖起兵时，任行军总管。唐太宗时，历任兵部尚书、尚书右仆射等职，先后击败东突厥、吐谷浑，封卫国公。据书目文献记载，他著有《李卫公兵法》等十余部兵书，但大都佚失。⑤盖苏文：又号盖金，姓泉氏，任高丽国“莫离支”（相当于唐朝兵部尚书）后，联合百济，屡攻新罗。⑥正兵：古代军事术语，与奇兵相对，含义甚为广泛。一般说来，以变化莫测的作战手段，实施出敌意外攻击的军队就是奇兵；而采用正常战法进行军事行动的就是正兵。例如，担任正面进攻的为正兵，担任迂回包抄的为奇兵；警戒守卫的为正兵，集结机动的为奇兵；等等。⑦平突厥：突厥，我国古族名。6 世纪时游牧于金山（今阿尔泰山）以南。隋开皇二年（582）分为东、西突厥。唐贞观三年（629）十一月，唐太宗命兵部尚书李靖为定襄道行军总管，与各部唐军出击突厥。次年正月，李靖率轻骑 3000 经马邑（今山西朔州）夜袭定襄（今属山西），大破东突厥军。颉利可汗只身逃往铁山（今内蒙古白云鄂博），纠集余众数万，企图向唐伪降，伺机东山再起。李靖决定乘颉利与唐朝使臣唐俭谈判之机，实施突然袭击。二月，李靖挑选精骑一万，在铁山一带趁雾突袭，斩敌万余人。不久，颉利可汗被俘，东突厥被平定。⑧诸葛亮七擒孟获：诸葛亮（181—234），字孔明，东汉琅玡郡阳都（今山东沂南）人，三国时期蜀汉政治家、军事家。225 年，诸葛亮从四川兵分三路进攻南中（今云南、贵州及四川大渡河以南地区），采取“攻心为上”的策略，对彝族首领孟获七擒七纵，最终使其甘心归附。⑨马隆：字孝兴，西晋将领。晋武帝在发动灭吴战争时，鲜卑首领树机能率兵攻占凉州（今甘肃黄河以西地区），杀刺史杨欣，威胁西晋后方安全。279 年春，晋武帝以马隆为讨虏护军、武威太守，募兵征讨树机能。马隆募兵 3500 人，配以精良装备。十一月，晋军西渡温水同树机能军战于山地。树机能率军万余，阻止晋军。马隆根据山地作战特点，结成偏箱车阵，且战且前，推进千余里。十二月，同树机能军主力进行决战，斩树机能，收复凉州。⑩八阵图：诸葛亮创制的一种攻防并用的阵法。它用纵横排列的64个战术单位合成一个大方阵，阵后设24队游骑，机动灵活地配合大部队的作战。这是我国冷兵器时代最典型的集团方阵。⑪偏箱车：亦作扁箱车，一说即有扁平车厢的战车，其车上设备可根据地形宽狭而加以改变。一说即设置一箱的小车。依据相关史料记载，应以后说为是。⑫鹿角车营：即以偏箱车首尾相接，围成一圈，架刀枪于车上，锋刃向外，以便防御，因其形似鹿角，故称鹿角车营。

[**译文**]

唐太宗说："高丽国多次侵犯新罗，朕派遣使者晓谕其息兵，它竟不遵从命令。朕准备兴师讨伐它，你看怎么样?"

李靖说："臣探听到高丽莫离支盖苏文依仗着其精通兵法，认为中国没有能力去讨伐他，所以才敢违抗命令，臣请求率领三万军队前去捉拿他。"

唐太宗说："兵少地远，你用什么战术前去讨伐呢?"

李靖说："臣将以正兵对付他。"

唐太宗说："你平定突厥时用的是奇兵，现在却说要用正兵，这是为什么呢?"

李靖回答说："当年诸葛亮七擒孟获，用的就是正兵，而没有使用其他的方法。"

唐太宗说："西晋的马隆征讨凉州时，就是依照八阵图的战术，制作偏箱车。地域开阔时便用鹿角车营，地域狭窄时则将特意制作的木屋放在车上，一边战斗，一边前进。可以确信，正兵才是古人所重视的。"

李靖说："臣征讨突厥的时候，向西行进了数千里，若不使用正兵，怎么能深入敌境这么远呢？偏箱车、鹿角车营是用兵作战的重要方法，一则可以有效地保持军队的战斗力，二则可以阻止敌方的进攻，三则可以约束自己的队伍。这三项长处交相为用，可以看出马隆对古代兵法的掌握是相当精深的。”

太宗曰：“朕破宋老生[①]，初交锋，义师[②]少却。朕亲以铁骑，自南原驰下，横突之，老生兵断后，大溃，遂擒之。此正兵乎，奇兵乎？”

靖曰：“陛下天纵圣武[③]，非学而能。臣按兵法，自黄帝[④]以来，先正而后奇，先仁义而后权谲。且霍邑之战，师以义举者，正也；建成[⑤]坠马，右军少却者，奇也。”

太宗曰：“彼时少却，几败大事，曷谓奇邪？”

靖曰：“凡兵，以向前为正，后却为奇。且右军不却，则老生安致之来哉？《法》曰：‘利而诱之，乱而取之。’[⑥]老生不知兵，恃勇急进，不意断后，见擒于陛下。此所谓以奇为正也。”

太宗曰：“霍去病[⑦]暗与孙、吴合，诚有是夫！当右军之却也，高祖[⑧]失色，及朕奋击，反为我利。孙、吴暗合，卿实知言。”

太宗曰：“凡兵却，皆谓之奇乎？”

靖曰：“不然。夫兵却，旗参差而不齐，鼓大小而不应，令喧嚣而不一，此真败也，非奇也；若旗齐鼓应，号令如一，纷纷纭纭，虽退走，非败也，必有奇也。《法》曰‘佯北勿追’[⑨]，又曰‘能而示之不能’[⑩]，皆奇之谓也。”

太宗曰：“霍邑之战，右军少却，其天乎？老生被擒，其人乎？”

靖曰：“若非正兵变为奇，奇兵变为正，则安能胜哉？故善用兵者，奇正，人而已。变而神[⑪]之，所以推乎天也。”

太宗俯首[⑫]。

［注释］

①宋老生：隋朝将领。隋大业十三年（617），李渊父子在太原起兵反隋。七月，李渊率军三万及西突厥军一部，进驻贾胡堡（在今山西霍州北）。隋镇守长安的代王杨侑命宋老生率精兵两万屯于霍邑（今山西霍州），左武候大将军屈突通率军数万扼守河东，企图阻止李渊西进。八月，李渊父子断定宋老生有勇无谋，不会主动出击贾胡堡，于是率领少数骑兵自东南进攻霍邑，故意摆出围城姿态，诱激宋老生出战。宋老生见唐军人少，一怒之下率军三万自东门、南门分道出击。这时，李渊命大将殷开山速调后续部队投入战场。战斗开始后，位于城东的李渊、李建成军战斗不利，向后退却，李建成还不慎落马。隋军趁机向前逼进。这时位于城南的李世民发现隋军侧后暴露，当即率部将殷志宏、柴绍等精锐骑兵自南原投入战斗，连续突击宋老生部阵后。李渊等乘势回击，宋老生兵败，很快被擒杀。②义师：正义的军队。这里是李世民对自己军队的称许之词。③天纵圣武：这里是李靖对李世民的溢美之词。语出《论语·子罕》："固天纵之将圣，又多能也。"④黄帝：姬姓，号轩辕，有熊氏。传说为中原各族的共同祖先。相传他曾经于阪泉打败炎帝，又击杀蚩尤于涿鹿。《黄帝兵法》系后人伪托。⑤建成：李建成，唐高祖李渊的长子，后被立为太子。626年，在玄武门之变中被李世民所杀。⑥利而诱之，乱而取之：语出《孙子·始计篇》。取，俘获。《说文》："取，捕取也，从又从耳。《周礼》：'获者取左耳。'《司马法》曰：'载献聝。'聝者，耳也。"⑦霍去病（前140—前117）：西汉名将，河东平阳（今山西临汾西南）人。官至骠骑大将军，封冠军侯。曾六次出击匈奴，屡建战功。汉武帝要他学习孙武、吴起的兵法，他说："顾方略何如耳，不至学古兵法。"他虽然没有学习过兵法，但用兵之道多与《孙子》、《吴子》的原则相吻合。⑧高祖：即唐高祖李渊（566—635），唐王朝的建立者。⑨佯北勿追：语出《孙子·军争篇》。佯，伪装。北，失败。⑩能而示之不能：语出《孙子·计篇》。⑪神：神秘莫测。这里用作动词，指奇正的变化达到出神入化的地步。⑫俯首：低头。这里有敬服和赞许之意。

［译文］

唐太宗说："朕率军击败宋老生的那次战斗，刚交战时，我军稍受挫折后退。朕亲率精锐骑兵自南原驰下，拦腰突袭敌军。宋老生部被切断后，很快就溃不成军，老生也被俘虏了。这是正兵还是奇兵呢？”

李靖说：“陛下的圣明英武是上天所赋予的，并不是学了以后才会的，属于无师自通。臣下根据兵法来分析，自黄帝以来，先用正兵，而后用奇兵，先用仁义而后用计谋。霍邑之战，陛下的军队为正义而征讨，这是正兵。而建成落马及右翼军队稍稍后退则是奇兵。”

唐太宗说：“那次我军稍退，几乎坏了大事，为何还称之为奇兵呢？”

李靖说：“凡指挥军队向前行进的，为正兵，向后退却的为奇兵。若右翼军不向后退却，宋老生怎么会率军出来呢？《孙子兵法》上说：‘要以好处来引诱对方，要趁乱攻取对方。’宋老生不知用兵之法，依仗着有勇力强而急速前进，没想到被切断后路，结果被陛下俘获。这就是所谓以奇为正的战术。”

唐太宗说：“霍去病用兵之法常与孙武、吴起暗合，这是事实。当右军退却时，高祖大惊失色，等到朕的军队反击时，战势反而对我军有利，这也与孙子、吴起的用兵之法暗合。你的分析的确很对。”

唐太宗又说：“凡是军队退却，都可以称之为奇兵吗？”

李靖说：“不是这样。若军队退却时，军旗参差不一，战鼓声大小不一致且彼此不相呼应，军令嘈杂而不统一，这就是真正的败退，而不是奇兵。如果军旗整齐而战鼓声相互呼应，号令一致，表面上混乱繁杂，虽然后退，却不是败退，其中必有奇兵。《孙子兵法》上说的‘对假装败退的军队不要追击’，又说‘能打而故意装作不能打的样子’都是指奇兵战术。”

唐太宗说：“霍邑那场战斗，我右翼军稍稍后退，是天力所致吗？宋老生被俘获，是人的力量所致吗？”

李靖说：“若不是将正兵变为奇兵，奇兵变为正兵，那又怎么能取胜呢？所以善于用兵的人，用正兵或奇兵在于自身的把握，而能将奇、正灵活运用达到出神入化程度的情况，只能归功于天意了。”

唐太宗点头表示赞同。

太宗曰：“奇正素分之欤？临时制之欤？”

靖曰：“按曹公《新书》[①]曰：‘己二而敌一，则一术为正，一术为奇；己五而敌一，则三术为正，二术为奇。’[②]此言大略耳。唯孙武云：‘战势不过奇正，奇正之变，不可胜穷。奇正相生，如循环之无端，孰能穷之？’[③]斯得之矣，安有素分之邪？若士卒未习吾法，偏裨未熟吾令，则必为之二术。教战时，各认旗鼓，迭相分合，故曰分合为变[④]，此教战之术耳。教阅既成，众知吾法，然后如驱群羊，由将所指，孰分奇正之别哉？孙武所谓‘形人而我无形’[⑤]，此乃奇正之极致。是以素分者教阅也，临时制变者不可胜穷也。”

太宗曰：“深乎！深乎！曹公必知之矣。但《新书》所以授诸将而已，非奇正本法。”

太宗曰：“曹公云‘奇兵旁击’[⑥]，卿谓若何？”

靖曰：“臣按曹公注《孙子》曰‘先出合战为正，后出为奇’[⑦]，此说与旁击之说异也。臣愚谓大众所合为正，将所自出为奇，乌有先后、旁击之拘哉？”

太宗曰：“吾之正，使敌视以为奇；吾之奇，使敌视以为正；斯所谓‘形人者’欤？以奇为正，以正为奇，变化莫测，斯所谓‘无形者’欤？”

靖再拜曰：“陛下神圣，迥出古人，非臣所及。”

［**注释**］

①《新书》：曹操所著军事论著，已佚。本文所引《新书》文句，多出

自曹操的《孙子注》。是否二书原为一种，尚难以考辨。②“己二而敌一……二术为奇”句：语出曹操为《孙子·谋攻篇》所作的注。大意就是无论攻防进退，都要有主次，讲奇正。③“战势不过奇正……孰能穷之”句：语出《孙子·势篇》。意思是，战势不过奇正两项，可奇正的变化是没有穷尽的。④分合为变：语出《孙子·军争篇》。指部队的分散和集中须依照战场状况灵活处置。⑤形人而我无形：语出《孙子·虚实篇》。⑥奇兵旁击：语出曹操为《孙子·势篇》所作的注。⑦先出合战为正，后出为奇：语出曹操为《孙子·势篇》所作的注。曹操认为率先同敌人交战的部队是正兵，后出击的是奇兵。

[译文]

唐太宗说：“正兵与奇兵是一直分开的呢，还是临时决定的呢？”

李靖说：“按照曹操所著《新书》中的说法：‘如果己方是二而敌方是一，则一半用作正兵，一半用作奇兵；如果己方是五而敌方是一，则三部分用作正兵，两部分用作奇兵。’这是一种概括的说法。孙武说：‘作战的方法不过是奇、正两种，而正奇之间的变化是无穷无尽的。正奇之间的转化，就像循环运行一样没有开端和结束，谁能找到终点呢？’既然如此，哪儿来的一直分开呢？如果士卒不熟悉我的战法，将领们不熟悉我的命令，就一定要分兵来教练他们。教他们作战时，各自熟悉各自的旗帜和鼓声，反复分合，所以说分合为变。这是教授作战的方法。传授并考核合格后，大家都熟悉了我的用兵之法，然后就像驱赶羊群一样，任将领随意指挥，谁还分得清正兵与奇兵呢？孙武所说的‘用假象迷惑敌人，我自己则变化莫测，使敌人无迹可寻，无法了解我’，就是这种奇正战术之间相互转化的最高境界。所以说，平时练兵和检阅部队时有奇正之分，战争时奇正的临时变化则是无穷尽的。”

唐太宗称赞说：“深奥啊！太深奥了！曹公一定知道其中的奥秘，但曹公只是把《新书》作教材传授给诸位将领而已，不一定是奇正变化的真正内涵。”

唐太宗说："曹操说'从旁边出击攻其不备的部队为奇兵'，你认为怎么样呢？"

李靖说："臣按照曹公所注《孙子》中说'先出来迎战的称为正兵，后出来交战的为奇兵'，这与旁击为奇的说法不一致了。臣认为，从大军与敌人交战的为正兵，而由将领自己随机应变、出奇制胜的为奇兵，哪里有先后和旁击与否的限制呢？"

唐太宗说："我使用正兵，却使对方误认为是奇兵；我使用奇兵，而使敌方认为是正兵，这就是孙子所谓的'形人'（即：使敌方的战术暴露，以便可以洞察）吧？我将奇兵变为正兵，把正兵变成奇兵来用，两者之间变化多端，使敌方不可猜测，这就是孙子所谓的'无形'吧？"

李靖向太宗拜了两拜说："陛下英明，悟性超凡入圣，远出古人之上！这不是臣下可以企及的。"

太宗曰："分合为变者，奇正安在？"

靖曰："善用兵者，无不正，无不奇，使敌莫测，故正亦胜，奇亦胜，三军之士，止知其胜，莫知其所以胜。非变而能通，安能至是哉！分合所出，唯孙武能之，吴起而下，莫可及焉。"

太宗曰："吴术若何？"

靖曰："臣请略言之。魏武侯[①]问吴起两军相向，起曰：'使贱而勇者前击，锋始交而北，北而［勿］罚，观敌进（趣）。一坐一起，奔北不追，则敌有谋矣。若悉众追北，行止纵横，此敌人不才，击之勿疑。'臣谓吴术大率类此，非孙武所谓以正合也。"

太宗曰："卿舅韩擒武[②]尝言，卿可与论孙、吴，亦奇正之谓乎？"

靖曰："擒武安知奇正之极，但以奇为奇，以正为正耳！曾未知奇正相变，循环无穷者也。"

［注释］

①魏武侯：即魏击，战国时魏国国君（前395—前370在位），魏文侯之子。魏武侯问两军相向，见《吴子·论将》。②韩擒武（538—592）：即韩擒虎，隋朝大将，开国功臣，河南东垣（今河南新安东）人。隋文帝开皇九年（589）正月，在灭陈的战争中，韩擒虎率轻骑500为先锋，乘陈军戒备松懈之机，自采石矶渡江，从南路攻建康（今江苏南京）；隋军主力则由贺若弼率领，自京口（今江苏镇江）渡江，从北路攻建康。陈军在受到两面夹击、长江也被隋军控制的情况下，相继投降，陈后主被俘，陈国灭亡。韩擒虎因功被封为上柱国。

［译文］

唐太宗说："既然分合可以相互变化，那么奇正怎么分呢？"

李靖说："懂得用兵的人，任何兵都可以是正的，也可以是奇的，从而使敌人不能猜测得到。所以用正兵可以取胜，用奇兵也可以取胜。三军将士，只知道他们取得了胜利，却不知道他们为何取得胜利。如果不能随机应变且应用自如，怎么会达到如此的妙境呢？能够巧妙地运用分合之术的，只有孙武一人而已，自吴起以后的将领，没有人能达到孙武的水平。"

唐太宗说："吴起的用兵之术怎么样呢？"

李靖说："容许臣概略地（为你）解说一下。魏武侯问吴起：若两军正面相遇，我想探明敌情，用什么办法呢？吴起回答说：'命令勇敢的下级军官，率领精锐部队实施试探性进攻，一定要刚刚交锋就假装败退，虽然败了但不要处罚部下，而要观察敌人是否疾趋速击。如果敌军一举一动的指挥都很有条理，看到'败退'的我军并不追击，看到有利战机无动于衷，这样的将领便是有谋略的智将，不可同他作战。若敌军倾巢出动追击败退的我军，或行或止，纵横杂乱，这说明敌将是无能之辈，可以立即向他发起进攻，不必有什么疑虑。’臣认为吴起的用兵之法大多属于这一类。不是孙武所说的从正面交战的方法。”

唐太宗说：“你的舅舅韩擒虎说过，你是一位可以在一起讨论孙武、吴起兵法的人，这是否也是指正兵与奇兵之术呢？”

李靖说：“韩擒虎哪里知道奇正之间的奥妙所在，他只是以奇兵为奇兵，以正兵为正兵而已，他并不知道奇正两者的相互变化是循环往复无穷无尽的。”

太宗曰：“古人临阵出奇，攻人不意，斯亦相变之法乎？”

靖曰：“前代战斗，多是以小术而胜无术，以片善而胜无善，斯安足以论兵法也？若谢玄之破苻坚①，非谢玄之善也，盖坚之不善也。”

太宗顾侍臣检《谢玄传》阅之，曰：“坚甚处是不善？”

靖曰：“臣观《苻坚载记》曰：‘秦诸军皆溃散，唯慕容垂②一军独全。坚以千余骑赴之，垂子宝劝垂杀坚，不果。’此有以见秦军之乱，慕容垂独全，盖坚为垂所陷明矣。夫为人所陷而欲胜敌，不亦难乎？臣故曰无术焉，苻坚之类是也。”

太宗曰：“《孙子》谓‘多算胜少算’，有以知少算胜无算。凡事皆然。”

［注释］

①谢玄之破苻坚：苻坚（338—385），五胡十六国时期前秦的统治者。前秦曾占有今新疆、甘肃、山西、陕西、四川、河北、河南（淮河以北）及山东等广大地区。晋太元八年（383），苻坚强征各族人民以发动进攻东晋的战争。他所率领的军队号称百万，从长安出发，兵分三路，采取分进合击的战略部署，企图一举消灭东晋。东晋王朝以谢玄为前锋都督，率军八万抗击秦军。洛涧一战，击破秦军，首战告捷。晋军进至淝水，两军形成对峙。苻坚军队内

部矛盾激化，军阵大乱，谢玄趁机渡河，大败秦军。②慕容垂（326—396）：十六国时后燕的建立者，鲜卑族，昌黎棘城（今辽宁义县西北）人。前燕时封为吴王，后投奔苻坚，帮助苻坚灭了前燕。淝水之战苻坚失败后，他趁机恢复燕国，定都中山（今河北定州）。

［译文］

唐太宗说："古人临阵使用奇兵，用来攻击敌人意外之处，这也属于奇正相互变化吗？"

李靖说："以前各朝代的战争，大多是用微小的战术战胜不懂战术的人，以片面的特长战胜没有特长的人，这些又怎么可以称得上是兵法呢？如谢玄打败苻坚，不是谢玄有什么特别高明之处，而是苻坚无能罢了。"

唐太宗示意侍臣查出《晋书·谢玄传》，读罢，说："苻坚什么地方处置不善呢？"

李靖说："臣读《晋书·苻坚载记》上说：'前秦的军队都溃败了，只有慕容垂一军得以保全。苻坚率领三千多骑兵来与慕容垂会合，慕容垂的儿子慕容宝劝其父杀掉苻坚，但没有如愿。'由此可以看出前秦各部军队当时的混乱状况，而慕容垂得以独自保全，可见是因为他暗算了苻坚，这是很明显的。在被自己人暗算的情况下，还想在战场上战胜敌人，这不是太难了吗？所以，臣说苻坚就是这样无能的人。"

唐太宗说："《孙子兵法·计篇》上说：'计划周全的部队能战胜计划不周的部队。'由此可知有计划的部队能战胜无计划的部队，凡事都是这个道理。"

太宗曰："黄帝兵法，世传《握奇文》[①]，或谓为《握机文》，何谓也？"

靖曰："'奇'音'机'，故或传为'机'，其义则一。考其辞云：'四为正，四为奇，余奇为握机。'奇，余零也，因此音'机'。臣愚，谓兵无不是机，安在乎握而言也？当为余奇则是。夫正兵受之于君，奇兵将所自出。《法》曰：'令素行以教其民者，则民服。'[②]此受之于君者也。又曰'兵不豫言，君命有所不受'[③]，此将所自出者也。凡将，正而无奇，则守将也；奇而无正，则斗将也；奇正皆得，国之辅也。是故握机、握奇本无二法，在学者兼通而已。"

［注释］

①《握奇文》：古代兵书名，即《握奇经》，亦作《幄机经》。旧题黄帝臣风后所作，汉公孙弘解。1卷，380余字。②令素行以教其民者，则民服：语出《孙子·行军篇》。③兵不豫言，君命有所不受：语出《孙子·九变篇》。

［译文］

唐太宗说："黄帝的兵法，社会上流传的称为《握奇文》，又称《握机文》，这怎么解释？"

李靖说："'奇'音'机'，所以有人传为'机'，其含义都是一样的。考察其中的解释说：'四阵军队用做正兵，四阵军队用做奇兵，剩余的零奇之兵由将领自己掌握，所以称作握机。'奇，也就是剩余的部分，因此也可以读作'机'。臣认为，凡是用兵没有不随机应变的，没有不用机谋的，怎么可以单以将领自握余零为机呢？这里应当是指有效灵活地使用余下的兵力才是。那些正兵是由国君来决定的，战场上的奇兵则是由将领决定的。《孙子兵法》上说'君王的命令一向被严格执行，以此教化民众的，才能使众人信服'，这是由国君来决定的。又说'战争的进程有时不可预言，那么君主的命令有时也可以不接受'，这是由将领来决定的。凡作为将领，只用正兵而不用奇兵的，只能用来作为守将使用；只用奇兵而不用正兵的，只能用来作为战场厮杀的将领；能有效运用奇正两种战术的，才是国家的辅佐之臣。所以'握机'、'握奇'，本来就没有区别，关键在于学习者能融会贯通。”

太宗曰：“阵数有九，中心零者，大将握之，四面八向，皆取准焉。阵间容阵，队间容队。以前为后，以后为前。进无速奔，退无遽走。四头八尾，触处为首，敌冲其中，两头皆救。数起于五，而终于八①。此何谓也？”

靖曰：“诸葛亮以石纵横布为八行②，方阵之法即此图也。臣尝教阅，必先此阵。世所传《握机文》，盖得其粗也。”

[注释]

①“阵数有九……而终于八”句：语出《握奇经》。这里通过五阵推演为八阵的阐述，详尽地论述了古代方阵作战阵形变化的基本原理。②诸葛亮以石纵横布为八行：相传诸葛亮曾聚石布成八阵图形，近似于现代的沙盘作业。八阵遗迹有三处：一处在今陕西勉县东南诸葛亮墓东，一处在今重庆奉节江边，一处在今四川金堂弥牟镇。

[译文]

唐太宗说：“兵阵的数目总共有九个，中间机动的阵营由主将直接掌握。四面八方八个阵营，都以主将的指挥为准而变化。阵间容阵，大阵包小阵；队间容队，大队包小队。可以把前锋当做后卫，也可以将后卫变作前锋。进攻时不疾趋前进，撤退时不仓皇而逃。整个阵营有四个头八个尾，凡是与敌军相遇的部分都可以成为前锋，若遇敌方从中间冲击阵营，两旁的军阵均可联合营救。阵数由五开始，到八为止。这又是什么意思呢？”

李靖说：“诸葛亮曾经在沙滩上用石块摆成八阵，纵横交错，形成方阵，所谓方阵的布法就是这个阵图。臣以前训练军队的时候，一定要先从这种阵法开始。现在世面上流传的《握机文》，仅仅是对其粗略的概括罢了。”

太宗曰："天、地、风、云、龙、虎、鸟、蛇，斯八阵，何义也？"

靖曰："传之者误也。古人秘藏此法，故诡设八名耳。八阵本一也，分为八焉。若天、地者，本乎旗号；风、云者，本乎旛名；龙、虎、鸟、蛇，本乎队伍之别。后世误传，诡设物象，何止八而已乎？"

［译文］

唐太宗说："天、地、风、云、龙、虎、鸟、蛇，这八种兵阵是什么意思呢？"

李靖说："这是世人传说的错误。古人对这种兵法是保密的，所以故意设置了这八种名称。八阵本来是一个，分为八部分罢了。如天、地本是旗号，风、云也是旛名，龙、虎、鸟、蛇本是对队伍的不同称呼。后人误传，故意设置具体的代表物，其实又何止八种呢？"

太宗曰："数起于五而终于八，则非设象，实古制也。卿试陈之。"

靖曰："臣按黄帝始立丘井之法[①]，因以制兵，故井分四道，八家处之，其形井字，开方九焉。五为阵法，四为间地，此所谓数起于五也。虚其中，大将居之，环其四面，诸部连绕，此所谓终于八也。及乎变化制敌，则纷纷纭纭，斗乱而法不乱；混混沌沌，形圆而势不散，此所谓散而成八，复而为一者也。"

太宗曰："深乎，黄帝之制兵也！后世虽有天智神略，莫能出其阃阈[②]。降此孰有继之者乎？"

靖曰："周之始兴，则太公[③]实缮其法，始于岐都[④]，以建井亩；戎车三百辆，虎贲[⑤]三千人，以立军制；六步七步，六伐七伐[6]，以教战法。陈师牧野，太公以百夫致师[7]，以成武功，以四万五千人胜纣七十万众。周《司马法》，本太公者也。太公既没，齐人得其遗法。至桓公[8]霸天下，任管仲[9]，复修太公法，谓之节制之师。诸侯毕服。”

太宗曰：“儒者多言管仲霸臣而已，殊不知兵法乃本于王制也。诸葛亮王佐之才，自比管、乐[10]，以此知管仲亦王佐也。但周衰时，王不能用，故假齐兴师尔。”

靖再拜曰：“陛下神圣，知人如此，老臣虽死，无愧昔贤也。臣请言管仲制齐之法：三分齐国，以为三军；五家为轨，故五人为伍；十轨为里，故五十人为小戎；四里为连，故二百人为卒；十连为乡，故二千人为旅；五乡一师，故万人为军。亦由《司马法》‘一师五旅、一旅五卒’之义焉，其实皆得太公之遗法。”

[注释]

①丘井之法：丘井，原指殷周时代的一种土地制度。由国家将土地按井字形划为九区，中央为公田，其外八区由八家各受为私田。李靖在这里乃是借井字等分为九个方块说明五阵向八阵的变化。②阃阈（kǔn yù）：门槛，引申为范围、边界。③太公：即吕尚，周代齐国始祖。姓姜，吕氏，名尚，字子牙。助周武王灭商有功，封于齐。俗称姜太公。④岐都：周部落定居后的第一个都城，建在岐山（今陕西岐山东北）之下的周原，故名。⑤虎贲：勇士之称。形容雄武的勇士如同猛虎奔走逐兽。⑥六步七步，六伐七伐：《史记·周本纪》、《书·牧誓》凡两见。古代的一步，约当今四尺。伐，击刺。⑦百夫致师：挑选勇士百人为前锋，率先冲击敌阵。⑧桓公：即齐桓公（？—前643），春秋初期齐国君主，姜姓，名小白。他在前685年取得政权后，实行改革，富国强兵，并以“尊王攘夷”相号召，成为春秋第一个霸主。⑨管仲（？—前645）：春秋初期政治家，颍上（今安徽颍水之滨）人。他在齐国辅佐齐桓公，改革政治，发展生产，国力大增，齐国由此称霸。⑩自比管、乐：事见《三国志·诸葛亮传》。因管仲和乐毅同是春秋战国时期著名的军事家、政

治家，故常连称。乐毅，中山国灵寿（今河北平山东北）人，战国时燕将。前284年，乐毅率燕、赵、韩、魏、秦、楚六国联军，击破齐国，因功封于昌，号昌国君。后因燕惠王中齐将田单反间计，乐毅惧祸逃亡赵国。诸葛亮自认有文韬武略之才。

［译文］

唐太宗说："阵营的数目起自于五，最终变化为八阵，这并不是虚设的，确实是一种古代兵制。你试着陈述一下。"

李靖说："依臣下考察，黄帝最早设置了丘井式划分田地的方法，而后借以管理军队。一井有四道，八家为一井，有九块地，十六井为一丘。后来，又用这种制度来治兵。兵阵形式如同一个'井'字，分开则为九个方块，其中前后左右中五个阵营为基本阵营，其余四个阵营在这五个阵营连接处的空地，这就是所说的兵阵数自五个算起。阵营的正中空出来，由军队主将坐镇，四面是阵营，各部相接在一起，这就是所谓阵营数变化到八为止。到了用变化阵营抗击敌人的时候，则阵营显得一片忙碌，打起仗来虽然显得有些纷乱，但是阵法却丝毫不乱；阵营看起来乱成一团，但阵势却不散。这就是所谓的分可以成为八部分，合可以归为一体。"

唐太宗说："黄帝用兵的方法真是深奥啊！后世的人就是有天才般的智慧，也超不出他的理论范畴。从此以后有谁能继承他的军事理论呢？"

李靖说："周朝刚刚兴起的时候，姜太公确实在继承和补充黄帝的兵法。从岐都开始，建立起比较严格的划分土地、人口的井田制度；制造战车三百辆，招募勇士三千人，建立起军队编制；教授战术时，命军队前进六步七步，击刺六次七次，就停下来整齐队列。后来军队开到商都牧野布阵，姜太公以每一百位勇士为单位向敌军挑战，立了战功；用四万五千人战胜了商纣王的七十万大军。周朝的《司马法》，本就是太公的兵法。姜太公死后，齐国人得到了他留下来的兵法。到了齐桓公图谋称霸天下的时候，任用管仲为相，管仲重新整理姜太公的兵法，称用这种兵法训练出来的军队为纪律严明的节制之师。各国诸侯都因此向其表示臣服。”

唐太宗说：“儒家大多都说管仲只不过是一名能使国家称霸于天下的臣子而已，岂不知他的用兵之法也是以古代圣明君王的制度为基础而产生的。诸葛亮是辅佐君王的人才，却把自己比做管仲和乐毅，由此可见管仲也是辅佐君王的人才。但是周朝衰微，周王不能任用这些人，他们这才辅佐齐桓公兴师讨伐反对王权的人，从而尊王攘夷，建立功业。”

李靖拜了两拜说：“陛下圣明，知人到了这样的地步，老臣我得逢陛下，就是死了，也不会愧对过去的贤能之人了。臣请求说明管仲治理齐国的方法：把齐国百姓分为三部分，编为三个军；五家编为一轨，所以军队五人为一伍；十轨编为一里，所以军队以五十人为一小戎；四个里编为一连，所以军队二百人编为一卒；十个连编为一乡，所以军队两千人编为一旅；五个乡编为一师，所以军队一万人编为一军。这也就是《司马法》中所说的‘一个师辖五个旅，一个旅辖五个卒’。其实，这些都是从姜太公那里继承下来的。”

太宗曰：“《司马法》，人皆言穰苴[①]所述，是欤，否也？”

靖曰：“按《史记·穰苴传》，齐景公[②]时，穰苴善用兵，败燕、晋之师，景公尊为司马[③]之官，由是称司马穰苴，子孙号司马氏。至齐威王[④]，追论古司马法，又述穰苴所学，遂有《司马穰苴书》数十篇。今世所传兵家者流，又分权谋、形势、阴阳、技巧四种，皆出《司马法》也。”

太宗曰：“汉张良[⑤]、韩信[⑥]序次兵法，凡百八十二家，删取要用，定著三十五家。今失其传，何也？”

靖曰："张良所学，太公《六韬》、《三略》[7]是也。韩信所学，穰苴、孙武是也。然大体不出三门四种而已。"

太宗曰："何谓'三门'？"

靖曰："臣按《太公谋》八十一篇，所谓阴谋，不可以言穷；《太公言》七十一篇，不可以兵穷；《太公兵》八十五篇，不可以财穷。此'三门'也。"

太宗曰："何谓'四种'？"

靖曰："汉任宏[8]所论是也。凡兵家者流，权谋为一种，形势为一种，及阴阳、技巧二种，此'四种'也。"

［注释］

①穰苴：即司马穰苴，田氏，名穰苴。春秋时齐国大夫，精通兵法。齐景公时，晋、燕侵犯齐国，齐军败退。晏婴举荐穰苴为将军，击退了燕、晋军队，尽复失地。齐景公封穰苴为大司马，故称司马穰苴。战国时，齐威王命大夫整理古司马兵法，并把司马穰苴的兵法附在里面，定名为《司马穰苴兵法》，又称《司马法》，从宋代起定为"武经七书"之一。②齐景公（？—前490)：春秋时齐国君主，名杵臼。齐庄公的异母弟弟。③司马：官名，周时为六卿之一，掌管军政和军赋。后世别称兵部尚书为大司马。④齐威王（？—前320)：战国时齐国国君，田氏，名因齐，一作婴齐。任用邹忌为相，田忌为将，孙膑为军师，改革政治，发展经济，增强军备，国力渐强。前341年曾取得马陵之战的胜利，重创魏军，迫使魏惠王与之互尊为王。⑤张良（？—前186)：汉初大臣，字子房。其家五世相韩，为韩国贵族。秦灭韩后，张良曾谋刺秦始皇未果。传说他此后更名匿于下邳（今江苏邳州），遇黄石公得《太公兵法》。秦朝末年的农民战争中，投效刘邦，在楚汉战争中运筹谋划，多有建树。刘邦称帝后，封为留侯。⑥韩信（？—前196)：汉初诸侯王，著名的军事家。淮阴人，初投项梁、项羽起义，曾任郎中，多次献策，项羽皆不用，于是弃楚投汉。前206年，韩信在汉任大将，率领汉军暗度陈仓，还定三秦。在楚汉相持阶段中，率军一部攻破各个敌军，对楚军形成战略包围，最后歼灭项羽于垓下。汉朝建立后，封楚王，后降为淮阴侯。前196年被诬告谋

反，为吕后所杀。⑦《六韬》、《三略》：古代兵法。《六韬》传为姜太公所著，内分文韬、武韬、龙韬、虎韬、豹韬、犬韬六章；《三略》传为氾上老人黄石公所著，分上略、中略、下略三章。⑧任宏：汉成帝时人，任步兵校尉时曾受命校理兵书，著有《兵书略》。

［译文］

唐太宗说："《司马法》，人们都说是司马穰苴所论述的，是不是呢？"

李靖说："根据《史记·司马穰苴传》记载，齐景公时，田穰苴很善于用兵，先后击败了燕国和晋国的军队。景公于是任命他为掌管军政的官——司马，因此世人称他为司马穰苴，他的子孙也就以司马为氏。到了齐威王时，命大夫总结讨论古时司马兵法的同时记录了穰苴所用的兵法，于是就有了《司马穰苴书》数十篇。现在世上所流传的兵家学派，可分为权谋、形势、阴阳、技巧四种，都是出自《司马法》。"

唐太宗说："汉朝的张良、韩信编辑整理古代兵法时，共有一百八十二种，删去芜杂伪劣的，保留切要可行的，最终定下来三十五种。现在这些也多失传了，为什么呢？"

李靖说："张良所学的就是姜太公的《六韬》和《三略》，韩信所学的是穰苴和孙武的兵法。可是他们所学的大体上都不超出三门四种。"

唐太宗说："什么是'三门'？"

李靖说："臣认为：《太公谋》共有八十一篇，其中所讲的阴谋，是难以用语言穷尽其意蕴的；《太公言》有七十一篇，是无法以兵阵穷尽其奥妙的；《太公兵》有八十五篇，是无法以才智穷究其术数的。这就是'三门'。"

唐太宗又问："什么称为'四种'呢？"

李靖说："这是汉朝人任宏所论述的。大凡兵家各流派，以施权谋为主的是一种，以研究军队和战争形势为主的是一种，还有讲两军对抗的阴阳派，讲究战术的技巧派两种，就是这四种。”

太宗曰：“《司马法》首序蒐狩①，何也?”

靖曰：“顺其时而要②之以神，重其事也。《周礼》最为大政，成有岐阳之蒐③，康有酆宫之朝④，穆有涂山之会⑤，此天子之事也。及周衰，齐桓有召陵之师⑥，晋文有践土之盟⑦，此诸侯奉行天子之事也。其实用九伐之法⑧以威不恪，假之以朝会，因之以巡狩，训之以甲兵，言无事兵不妄举，必于农隙，不忘武备也。故首序蒐狩，不其深乎?”

[**注释**]

①蒐狩：田猎。春猎为蒐，冬猎为狩。②要：通“邀”。③岐阳之蒐：周成王曾在岐山的南面进行春蒐。④酆宫之朝：酆宫，在今陕西长安西南沣河以西。周文王伐崇侯虎后自岐迁都于此。周武王迁都镐京后，酆宫不改，仍为全国的政治文化中心，所以周康王常在这里接见诸侯。⑤涂山之会：周穆王因田猎曾在涂山会过诸侯。涂山，在今安徽怀远东南8里淮河东岸。⑥召陵之师：鲁僖公四年（前656），齐桓公会合鲁、宋、陈、卫、郑、许、曹各诸侯国的军队侵蔡，蔡军溃败，于是伐楚。楚国派大夫屈完与诸侯结盟于召陵，齐国与各诸侯国的军队因而撤退。召陵，在今河南郾城东35里。⑦践土之盟：鲁僖公二十八年（前632）晋楚城濮之战，晋军获胜。周襄王亲自犒劳晋军。晋文公于是在践土修建王宫，迎襄王，与诸侯会盟，从此晋确立霸权，成为盟主。践土，古地名，在今河南原阳西南。⑧九伐之法：周朝用以威慑诸侯的一种法制。它规定了在九种情况下，对于违抗王命者予以征伐。《周礼注疏》：“以九伐之法正邦国。”

[**译文**]

唐太宗说：“《司马法》开篇就论述巡狩练兵之事，这是为什么呢?”

李靖说：“顺应天时以讲武备，而且向神灵祈祷，是表示对这些事的重视，在《周礼》中这些都被列入国家最重大的政治活动。周成王在岐山南进行巡狩练兵，周康王在酆宫接受了诸侯们朝觐，周穆王在涂山会见诸侯，这些都是天子的分内之事。到了周朝衰落的时候，齐桓公曾在召陵会盟诸侯，晋文公在践土会盟诸侯，这是诸侯代天子行事。这样做实际上是用‘九伐之法’来威慑那些不遵奉王命的人。假借朝会的名义，到各地进行巡狩，既训练了军队，又可以宣称没有意外的事情不能随意动用军队，在农闲时节，率领军队进行巡狩，是为了不放松对军队的训练。因此《司马法》一开始就论述巡狩练兵的事，其用意不是很深远吗？”

太宗曰：“春秋楚子[①]二广[②]之法云：‘百官象物而动，军政不戒而备。’[③]此亦得周制欤？”

靖曰：“按左氏说，楚子乘广三十乘，广有一卒，卒偏之两[④]。军行右辕，以辕为法，故挟辕而战[⑤]，皆周制也。臣谓百人曰卒，五十人曰两，此是每车一乘，用士百五十人，比周制差多耳。周一乘，步卒七十二人，甲士三人。以二十五人为一甲，凡三甲，共七十五人。楚山泽之国，车少而人多，分为三队，则与周制同矣。”

［注释］

①楚子：即楚庄王（？—前591），芈姓，名旅，“春秋五霸”之一。因楚为子爵国，故称楚子。②广（guàng）：楚国兵制，兵车15辆为一广。二广之法，即战斗队形分作左右两队，亦即左广、右广，相当于中原各国的左偏和右偏。③百官象物而动，军政不戒而备：语出《左传·宣公十二年》。物，古代军中杂色旗帜，用以标示各级军官的地位与职司。戒，敕令，告诫。④楚子乘广三十乘，广有一卒，卒偏之两：语出《左传·宣公十二年》。原文分为两处，一处是“其君之戎分为二广，广有一卒，卒偏之两”。另一处是“楚子为乘广三十乘，分为左右”。《唐李问对》将两处引文合而为一，因而产生歧

义，关于战车数量和步兵数量的说法含混不清，前后不一。本书此处仍按原文翻译。⑤军行右辕，以辕为法，故挟辕而战：车战时，配属每乘战车的徒兵（即步兵），在各自战车的右侧展开，行动以车辕方向为准，随车战斗。

［译文］

唐太宗说："《春秋左氏传》所载楚庄王的'二广之法'说：'各级军官要以自己所在队伍的旗帜为行动的准则，军政不必等待上级的戒令而应先有所准备。'这些与周朝的制度符合吗？"

李靖说："按照《左传》的说法，楚庄王的乘广制度，每一广拥有战车三十乘，配备步兵一卒，每卒百人，又分为左右两偏。军队行进时，步兵在战车的右侧行动，以车辕为基准，所以要夹在战车行列中作战。这些都是周朝的制度。臣知道，旧制一百人为一卒，五十人为一两，而楚国每辆车为一乘，配备士兵一百五十人，与周朝的制度相比差别很大。周朝的一辆战车，用步卒七十二人，甲士三人，以二十五人为一甲，共三甲，合计七十五人。楚国是山丘和湖泽遍布的地方，车少而人多，至于说把一百五十人分为三队，这和周制是相同的。"

太宗曰："春秋荀吴伐狄，毁车为行①，亦正兵欤，奇兵欤？"

靖曰："荀吴用车法耳，虽舍车而法在其中焉。一为左角，一为右角，一为前拒，分为三队，此一乘法也。千万乘皆然。臣按曹公《新书》云：攻车②七十五人，前拒一队，左右角二队；守车③一队，炊子十人，守装④五人，厩养五人，樵汲五人，共二十五人。攻守二乘，凡百人。兴兵十万，用车千乘，轻重二千，此大率荀吴之旧法也。又观汉魏之间军制：五车为队，仆射一人；十车为师，率长一人；凡车千乘，将吏二人⑤。多多仿此。臣以今法参用之，则跳荡，骑兵也；战锋队，步、骑相半也；驻队，兼车乘而出也。臣西讨突厥，越险数千里，此制未尝敢易。盖古法节制，信可重也。”

［注释］

①荀吴伐狄，毁车为行（háng）：事见《左传·昭公元年》。“毁车为行”，即临时改车兵为徒兵步战。前541年，晋中行元帅荀吴率军伐狄。荀吴采纳魏舒在山地作战应舍弃车乘改用步卒的建议，因而太原一战，大败狄军。毁，舍弃。行，步兵。荀吴所袭用的车兵阵形将全军分为五阵，战车每乘七十五人。②攻车：战车，亦称轻车。③守车：辎重车，亦称重车。④守装：看守装具辎重的士兵。⑤“五车为队……将吏二人”句：语出《孙子·作战篇》。仆射，官名。起于秦代，其名由仆人、射人合成，本为君主左右之小臣。自秦代起，凡侍中、尚书、博士、谒者、郎等官，都有仆射，根据所领职事作称号，意即其中的首长。但从东汉起，职权渐重，唐代更是成为尚书省长官。

［译文］

唐太宗说：“春秋时荀吴征讨狄族，丢弃了战车而以步兵列阵，这是正兵呢，还是奇兵呢？”

李靖说：“荀吴用的仍是车战的方法。虽然他舍弃了战车不用，但用兵之法却没改变。一队在兵阵的左角（左侧卫），一队在兵阵的右角，一队为前锋，共分为三队，这是一个战车队的阵式。千万个战车队的阵式都和这一样。臣依照曹公《新书》中的说法：进攻的战车用七十五人，前锋一队，左右侧各一队；辎重车一队，其中有炊事兵十人，看守装备的五人，养军马的五人，砍柴取水的五人，共二十五人。进攻和守备共有两队，合一百人。调动十万军队，用战车一千辆，其余各种轻重车辆二千辆，这基本上就是荀吴所使用的方法。再看汉魏期间的军队编制：五辆车为一队，设仆射官一人；十辆车为一师，设率长一人；每一千辆战车设将军二人。大多数是依照这种方法设置的。臣用目前的制度参酌运用：有用以突袭的队伍全部用骑兵；前锋的队伍，一半用骑兵，一半用步兵；有用以机动的后援部队，为战车队，随大军一同出发。臣向西征讨突厥的时候，跨越几千里，对这种制度从未敢作丝毫改变。古时的兵法节制，确实是应当重视的。”

太宗幸灵州①回，召靖赐坐，曰：“朕命道宗②及阿史那杜尔③等讨薛延陀④，而铁勒⑤诸部乞置汉官，朕皆从其请。延陀西走，恐为后患，故遣李勣⑥讨之。今北荒悉平，然诸部蕃汉杂处，以何道经久，使得两全安之？”

靖曰：“陛下敕自突厥至回纥⑦部落，凡置驿六十六处，以通斥候⑧，斯已得策矣。然臣愚以谓，汉戍⑨宜自为一法，蕃落宜自为一法，教习各异，勿使混同。或遇寇至，则密敕主将，临时变号易服，出奇击之。”

太宗曰：“何道也？”

靖曰：“此所谓‘多方以误之’⑩之术也。蕃而示之汉，汉而示之藩，彼不知藩汉之别，则莫能测我攻守之计矣。善用兵者，先为不测，则敌乖其所之也。”

太宗曰：“正合朕意，卿可密教边将。只以此，蕃汉便见奇正之法矣。”

靖再拜曰：“圣虑天纵，闻一知十，臣安能极其说哉！”

［注释］

①灵州：唐代时辖境，相当于今宁夏中卫、中宁以北地区，为朔方节度使治所，在今灵武西南。李世民入灵州，事在贞观二十年（646）。②道宗：即李道宗，唐初大臣，字承范，唐朝宗室，封为任城王。③阿史那杜尔（？—655）：阿史那，古突厥姓氏；杜尔，人名。唐初大将，突厥处罗可汗之子。曾取得半国，自号都布可汗。因败于薛延陀、西突厥，于贞观十年（636）率众降唐，封左骁骑大将军，居于灵州，后历任交河道行军总管、昆山道行军总管等职，率唐军击败高昌、龟兹等国。④薛延陀：古族名和国名，由薛部和延陀部合并而成。初属突厥。唐贞观三年（629），其首领夷男建牙

于郁督军山（今蒙古国杭爱山），唐太宗封其为真珠毗伽可汗。四年，助唐灭突厥。贞观二十年（646）发生内乱，多弥可汗攻唐，为唐所败。次年，唐在其地设府州，隶燕然都护府。⑤铁勒：古族名，亦作敕勒，为丁零的变音。因该部族所用车轮高大，故亦称高车。游牧于今图拉河以西，里海以东之地。5世纪时，北魏太武帝迁徙东部铁勒数十万于漠南，渐习农耕。突厥兴起后，分属东、西突厥。其散处于漠北者有十五部，以薛延陀、回纥为最著。唐贞观末年，东部铁勒内属，太宗于其地分设州府，并设置燕然都护以统御之。⑥李勣(594—669)：唐初大将。本姓徐，名世勣，字懋功，后赐姓李，因避唐太宗讳，故名李勣，离狐（今山东东明东南）人。隋末农民起义时投瓦岗军，瓦岗军失败后降唐，任右武候大将军，封曹国公。曾从李世民镇压窦建德、刘黑闼起义军。629年与李靖出击东突厥，因功改封英国公，守并州16年。⑦回纥：古族名和国名。四五世纪时，东部铁勒的袁纥部落游牧于鄂尔浑河和色楞格河流域。隋称韦陀。大业元年（605）因反抗突厥压迫，与仆固、同罗、拔野古等成立联盟，总称回纥。唐天宝三载（744）破东突厥，在今鄂尔浑河流域建立政权，辖境东起兴安岭，西至阿尔泰山，最盛时曾至中亚费尔纳盆地。助唐平安史之乱后，进一步发展了与唐王朝的友好关系。⑧斥候：这里既指侦察敌情的士兵，又指瞭望敌情的土堡。⑨戍：用作名词，指驻守边防的士卒。⑩多方以误之：语出《左传·昭公三十年》中伍员语。

［译文］

唐太宗视察灵州回来后，召见李靖，说：“朕命令李道宗及阿史那杜尔等人去讨伐薛延陀，而且铁勒诸部落请求在其地设置代表中央的汉族官员，朕都同意了他们的请求。薛延陀已向西逃走，朕恐怕其会成为后患，所以派遣李勣前去讨伐它。如今北部边远地区已经全部平定，然而各部落都是少数民族同汉族杂居，用什么样的方法才能使这些地方长治久安呢？”

李靖说：“陛下下令从突厥居住的地区到回纥的各部落，共设置驿站六十六处，使侦察人员的情报能及时通达，这已经是很好的策略了。然而以臣的愚见认为，对汉族戍卒和少数民族各部落所用的管理方法应该有所区别，教导、训练的方法各不相同，不要让他们混杂在一起。如果遇到敌寇来犯的情况，陛下就下密令让驻扎在当地的主将们临时改变平常使用的命令信号和军队的服装，出奇兵击败敌人。”

唐太宗问：“这是什么道理呢？”

李靖回答说：“这就是人们所说的‘以各种手段来迷惑敌人’的方法。少数民族的军队以汉族军队的形象展示在敌人面前，汉族军队以少数民族军队的形象展示在敌人面前，让他们搞不清少数民族军队与汉族军队的区别，就不能够猜测到我方的攻守计划。善于使用军队者，首先要使敌人猜测不到自己的情况，那样敌人的行动才会和他们原来的意愿相违背。”

唐太宗说：“这与朕的意思完全吻合。你可以秘密地教导那些戍守边塞的将领。只用这种使少数民族与汉族不相区别的方法，便可以看出奇正方法的运用了。”

李靖拜了两拜后说：“圣上的聪明智慧是上天所赋予的，听到一点就可以知道十点，臣怎敢说已将问题讲明白了呢？”

太宗曰：“诸葛亮言：‘有制之兵，无能之将，不可败也；无制之兵，有能之将，不可胜也。’[①]朕疑此谈，非极致之论。”

靖曰：“武侯[②]有所激云耳。臣按《孙子》有曰：‘教道不明，吏卒无常，阵兵纵横，曰乱。’[③]自古乱军引胜[④]，不可胜纪。夫教道不明者，言教阅无古法也；吏卒无常者，言将臣权任无久职也；乱军引胜者，言己自溃败，非敌胜之也。是以武侯言，兵卒有制，虽庸将未败；若兵卒自乱，虽贤将危之，又何疑焉？”

太宗曰：“教阅之法，信不可忽。”

靖曰：“教得其道则士乐为用，教不得法，虽朝督暮责，无益于事矣！臣所以区区古制皆纂以图者，庶乎成有制之兵也。”

太宗曰："卿为我择古阵法，悉图以上。"

［注释］

①"有制之兵……不可胜也"句：语出诸葛亮《兵要》。②武侯：即诸葛亮。东汉末年，隐居隆中（今湖北襄樊）。207年，刘备三顾茅庐，诸葛亮向他提出了著名的草庐对（隆中对），即占据荆、益二州，联吴破曹的策略。刘备按照这一战略，建立了蜀汉政权，奠定了三国鼎立的局面。223年，诸葛亮以武乡侯领益州牧，辅佐后主刘禅，政事无论大小，都由他决定。曾亲率蜀军六出祁山，北攻曹魏。224年，病死军中。后人辑有《诸葛亮集》。③"教道不明……曰乱"句：语出《孙子·地形篇》。教道，指对军队的指挥和训练。④乱军引胜：语出《孙子·谋攻篇》。

［译文］

唐太宗说："诸葛亮说过：'纪律严明、训练有素的军队，即使将领昏庸无能，也是不会战败的；相反，如果军纪松弛，训练不精，即使有英明的将领指挥，也是无法取胜的。'朕怀疑这一说法并非至理名言。"

李靖说："武侯的这句话是有所激励的，臣知道《孙子兵法》中有这么一句话：'训练军队方法不明确，官兵行动没有规矩可遵循，列阵时横七竖八，这就叫做乱。'自古以来因自己军队乱而导致敌方胜利的例子，不计其数。所谓训练军队方法不明，就是指训练和考核没有使用古时的方法；所谓将士没有规矩可遵循，是指主帅没有长时间的权力和任职；所谓因自己军队乱而导致敌方胜，是说自己的军队自动溃败，而不是敌军胜利。所以武侯说，如果军队纪律严明，训练有素，即使将领无能也不至于失败；如果军队自己先乱了，即使将领很有才能也是危险的，这又有什么可以怀疑的呢？"

唐太宗说："训练考核军队的方法，确实不可忽视。"

李靖说："如果训练得法，那么士兵也乐意听从指挥；如果训练不得法，虽然早晚督促斥责，也无益于事。臣之所以将古代训练军队的方法都编纂绘制成图，用它来训练军队，就是想借此训练出一支节制之师。”

唐太宗说：“你为我选择一些古代阵法，连同绘制的图全部呈送上来。”

太宗曰：“蕃兵唯劲马奔冲，此奇兵欤？汉兵唯强弩犄角[①]，此正兵欤？”

靖曰：“按《孙子》云：‘善用兵者，求之于势，不责于人，故能择人而任势。’[②]夫所谓择人者，各随蕃汉所长而战也。蕃长于马，马利乎速斗；汉长于弩，弩利乎缓战。此自然各任其势也，然非奇正所分。臣前曾述蕃汉必变号易服者，奇正相生之法也。马亦有正，弩亦有奇，何常之有哉？”

太宗曰：“卿更细言其术。”

靖曰：“先形之，使敌从之，是其术也。”

太宗曰：“朕悟之矣！《孙子》曰：‘形兵之极，至于无形。’[③]又曰：‘因形而措胜于众，众不能知。’[④]其此之谓乎？”

李靖再拜曰：“深乎！陛下圣虑，已思过半矣。”

［注释］

①犄角：见《左传·襄公十四年》。犄角，亦作掎角，这里是指前后夹击敌人。②“善用兵者……择人而任势”句：语出《孙子·势篇》。③形兵之极，至于无形：语出《孙子·虚实篇》。④因形而措胜于众，众不能知：语出《孙子·虚实篇》。

［译文］

唐太宗说：“少数民族的军队只是依靠强壮的战马迅猛冲击，这就是奇兵吗？汉族的军队只是依靠强有力的弓弩首尾射击来扼制敌人，这是正兵吗？”

李靖说：“按照《孙子兵法》的说法：‘善于指挥军队作战的

人，依靠有利的战争态势，而不过分苛求于士卒去死战硬拼，所以能够有选择地使用士卒并能利用有利的态势。’所谓能够有选择地使用士卒，是指顺应少数民族或汉族的长处而指挥作战。少数民族擅长骑马，而骑兵则有利于速战速决；汉族军队擅长使用弓弩，有利于进行持久战。这就是顺应自然，有效地利用其各自的优势，而不是正兵与奇兵的区别。臣在前面论述过少数民族军队与汉族军队要互换命令信号和服装样式，那属于正兵与奇兵相结合的办法。用骑兵也有正兵，用弓弩也有奇兵，怎么会有不变的战法呢？”

唐太宗说：“你再详细地讲一下这种战术。”

李靖说：“先列出一种阵形，让敌人随之行动，就属于这种战术。”

唐太宗说：“朕明白了！《孙子兵法》上说：‘排兵布阵、制造假象来迷惑敌人的最高境界，就是使军队呈现出没有阵形的样子，敌人根本看不出虚实的形象。’又说：‘根据敌情而灵活应变，尽管把胜利摆在众人面前，众人一时也弄不明白。’大概说的就是这种做法吧？”

李靖拜了两拜说：“陛下你理解得很深刻！你已经将这种战术掌握得差不多了。”

太宗曰：“近契丹[①]、奚[②]皆内属，置松漠[③]、饶乐[④]二都督，统于安北都护[⑤]。朕用薛万彻[⑥]，如何？”

靖曰：“万彻不如阿史那杜尔及执失思力[⑦]、契苾何力[⑧]，此皆蕃臣之知兵者也。臣尝与之言松漠、饶乐山川道路，蕃情逆顺，远至于西域部落十数种，历历可信。臣教之以阵法，无不点头服义。望陛下任之勿疑。若万彻，则勇而无谋，难以独任。”

太宗曰：“蕃人皆为卿役使！古人云，以蛮夷攻蛮夷，中国之势也。卿得之矣。”

［注释］

①契丹：古族名、国名。源于东胡，游牧于今辽河上游。唐时其地置松漠都督府，并任契丹首领为都督。②奚：古族名，南北朝时称“库莫奚”。分布于饶乐水（今内蒙古西拉木伦河）流域，过着游牧生活。③松漠：唐朝羁縻都督府名。贞观二十二年（648）为契丹部落而设，辖今内蒙古西拉木伦河流域及其支流老哈河中下游一带。④饶乐：唐朝羁縻都督府名。贞观二十二年（648）在奚族地置。辖今内蒙古老哈河上游及河北滦河中上游一带。⑤安北都护：唐朝都护府名，统辖北铁勒诸部族府州。辖今蒙古国及俄罗斯西伯利亚南部一带。⑥薛万彻：敦煌人，隋涿郡太守薛世雄之子，后与兄万钧一同归唐，以军功授统军，进爵武安郡公。贞观二十二年（648）正月以青丘行军总管率军由海道进攻高丽国。⑦执失思力：唐初少数民族将领，原为突厥族酋长，贞观中，护送隋萧太后入朝，被授为左领军将军之职。⑧契苾何力（？—676）：契苾，古族名，属铁勒诸部。何力，人名。契苾族首领哥楞之侄。唐贞观六年（632）十一月，与母率部众千余人投唐，历任葱山道副大总管，东道行军大总管，曾参加对吐谷浑、高昌、龟兹、西突厥等的战争。

［译文］

唐太宗说：“最近契丹、奚族都来归顺，所以设置了松漠、饶乐两个都督府，统归安北都护府管辖，朕想任用薛万彻去主管，怎么样？”

李靖说：“万彻不如阿史那杜尔及执失思力、契苾何力，这几个人都是少数民族大臣中懂得用兵之道的人。臣曾经与他们谈起松漠、饶乐地区的山川和道路状况，以及少数民族部落对中央政府是否归顺的情况，远至谈到了西域地区的数十个部落的情况，他们的阐述都是可信的。臣教给他们列兵布阵的方法，他们没有不赞同的。希望陛下任用他们，不必再有什么疑问。至于万彻，则是有勇无谋之辈，难以单独胜任该职。”

唐太宗笑着说：“这些少数民族的人都被你役使了。古人说，以少数民族来治理少数民族，是中原政权的必然趋势，你掌握了这一点。”

卷 中

太宗曰："朕观诸兵书，无出孙武。孙武十三篇，无出虚实[①]。夫用兵，识虚实之势，则无不胜焉。今诸将中，但能言避实击虚，及其临敌，则鲜识虚实者，盖不能致人而反为敌所致故也。如何？卿悉为诸将言其要。"

靖曰："先教之以奇正相变之术，然后语之以虚实之形可也。诸将多不知以奇为正，以正为奇，且安识虚是实，实是虚哉？"

太宗曰："'策之而知得失之计，作之而知动静之理，形之而知死生之地，角之而知有余不足之处。'[②]此则奇正在我，虚实在敌欤？"

靖曰："奇正者，所以致敌之虚实也。敌实，则我必以正；敌虚，则我必为奇。苟将不知奇正，则虽知敌虚实，安能致之哉？臣奉诏，但教诸将以奇正，然后虚实自知焉。"

太宗曰："以奇为正者，敌意其奇，则吾正击之；以正为奇者，敌意其正，则吾奇击之。使敌势常虚，我势常实。当以此法授诸将，使易晓尔。"

靖曰："千章万句，不出乎'致人而不致于人'[③]而已。臣当以此教诸将。"

[注释]

①虚实：在军事上，这是一对用以表示军情的概念。虚，指空虚、虚弱，也可以理解为弱点、被动或无准备。实，充实、坚实，也可理解为强点、主动或有准备等。②“策之而知得失之计……角之而知有余不足之处”句：语出《孙子·虚实篇》。③致人而不致于人：语出《孙子·虚实篇》。

[译文]

唐太宗说：“朕读诸家兵书，没有能超过孙武的。孙武十三篇的内容，没有超出‘虚实’二字。用兵作战，如果能认清双方虚实形势就没有不取胜的。如今的诸位将领中，只能谈论避实击虚，到了临阵作战的时候，很少有人能认清虚实。这大概就是他们之所以不能控制敌人反而被敌人所控制的缘故吧。怎么样？你将虚实的要领详细地给诸位将领讲一讲。”

李靖说：“先教给他们‘奇’与‘正’相互变化的方法，然后告诉他们虚与实的形势就行了。诸位将领大多不知道以奇兵变化为正兵，以正兵变化为奇兵，怎么能认识到虚实之间也可以相互转化呢？”

太宗说：“通过侦察和估测敌人的战略，便可知道作战计划的胜败得失；通过调动和牵制敌人的行动，便可知道敌方动静攻守的规律；测绘和显示安营布阵的形势，便可知道战场形势的生死要害；与敌方进行较量，便可知道敌方之虚实强弱所在。’这是否说明使用正兵或奇兵的主动权在我们手里，但判断战场虚实，则有赖于对敌方的了解呢？”

李靖说：“使用奇正战术，都是用来对付敌方军力的虚与实的。敌方兵力充实处，我方就一定要以正兵攻击它；敌方兵力空虚处，我方就一定要用奇兵袭击它。如果将领不能掌握奇正之道，那么，即使知道敌方军力的虚实又能怎么对付它呢？臣按照圣上的诏令，只要教会诸位将领使用奇正战术，而后战场上的虚实自己就会明白了。”

唐太宗说：“将奇兵变为正兵，敌方以为我们是奇兵，我们正好以正兵攻击它；将正兵变为奇兵，敌方以为我们是正兵，而我们就可以用奇兵去攻击它。这可使敌方常常处于不利的局势，而我方常处于有利的局势。应当将这种战术传授给诸位将领，使他们能够容易明白其中的道理。”

李靖说：“千言万语，不超出‘致人而不致于人’这个准则罢了。我自当把这个教会诸位将领。”

太宗曰：“朕置瑶池都督[①]以隶安西都护[②]，蕃汉之兵，如何处置？”

靖曰：“天之生人，本无蕃汉之别。然地远荒漠，必以射猎为生，由此常习战斗。若我恩信抚之，衣食周之，则皆汉人矣。陛下置此都护，臣请收汉戍卒，处之内地，减省粮馈，兵家所谓治力之法也。但择汉吏有熟蕃情者，散守堡障，此足以经久。或遇有警，则汉卒出焉。”

太宗曰：“《孙子》所言治力何如？”

靖曰：“‘以近待远，以佚待劳，以饱待饥’[③]，此略言其概尔。善用兵者，推此三义而有六焉：以诱待来，以静待躁，以重待轻，以严待懈，以治待乱，以守待攻。反是，则力有弗逮。非治力之术，安能临兵哉！”

太宗曰：“今人习《孙子》者，但诵空文，鲜克推广其义。治力之法，宜遍告诸将。”

［注释］

①瑶池都督：官名。唐贞观二十三年（649）二月，设瑶池都督于金满县，隶属于安西都护府，以左卫将军阿史那贺鲁为瑶池都督。②安西都护：官名。唐贞观十四年（640）九月，唐灭高昌以后，将其领地改名西州，设交

河、天山、柳中、蒲昌等县，并设安西都护府于交河城，统辖安西四镇（龟兹、疏勒、于阗、焉耆）。③“以近待远，以佚待劳，以饱待饥”句：语出《孙子·军争篇》。

［译文］

唐太宗说：“朕设置瑶池都督一职，隶属于安西都护府，对那个地区的少数民族和汉族将士，该如何管理呢？”

李靖说：“从自然的角度来讲，人生下来原本没有少数民族与汉族的区别。然而，由于少数民族地处边远荒芜地区，必须以狩猎为生，由此也就习惯于战斗。如果我们用恩德信义去安抚他们，用粮食和衣物去周济他们，那么他们和汉人是一样的。陛下设置都督之职，臣希望将汉族戍边将士收归内地安置，从而减少粮食物品的消耗，这就是兵家所说的治力的方法。只需要选择那些熟悉少数民族地区情况的汉族官吏，分散驻守在各个堡垒之中，这就足以维持长久。一旦出现紧急情况，那时再派汉军出征。”

唐太宗说：“《孙子兵法》所论述的治力是怎么回事？”

李靖说：“‘以我军靠近战场来对付敌军的长途远征；以我军精力充足，来对付敌军的疲惫不堪；以我军粮草充足，来对付敌军粮草不济。’这只是简略地说了个大概。善于指挥军队的人能由此推出六种含义：用引诱的方法等待敌方的到来，以镇静谨慎的态度来对付敌方的烦躁冲动，以持重稳妥来对待敌方的轻举妄动，以纪律严格的军队来对付纪律松懈的军队，以统一管理的军队来对付军阵混乱的敌军，以坚固的防御来等待敌人的进攻。相反，即便有力量也达不到目的。不按照管理军力的要求去做，怎么能临阵作战呢？”

唐太宗说：“现在的人学习《孙子兵法》，只是会诵读些空文，很少能理解和推广它的深层含义。管理和保存军力的这些方法，应该告诉给诸将。”

太宗曰："旧将老卒，凋零殆尽，诸军新置，不经阵敌。今教以何道为要？"

靖曰："臣尝教士，分为三等。必先结伍法[①]，伍法即成，授之军校[②]，此一等也；军校之法，以一为十，以十为百，此一等也；授之裨将，裨将乃总诸校之队，聚为阵图，此一等也。大将军察此三等之教，于是大阅，稽查制度，分别奇正，誓众行罚。陛下临高观之，无施不可。"

[注释]

①伍法：古代训练队伍的基本方法。周代军制五人为伍，历代多相沿袭，把五人一伍作为军队编制与训练的基本单位。②军校：军，我国古代军队中最大的编制单位，历代人数多少不一。军之一部为一校。

[译文]

唐太宗说："以前的将领和老兵，都已经谢世或退伍了，各路军队都是新设置的，没有经过战场上与敌人交战。现在教他们哪种兵法最重要？"

李靖说："臣曾经训练士卒，分为三个等级：首先一定要按'伍'的军队制度来整编军队，编成之后，将权力授予军校，这是一个等级；'军校'的编制制度，是以一校辖十伍，十校辖百伍，这是一个等级；军校编制之上，再将权力授予副将，副将负责统一管理各军校的军队，排列成兵阵，这是又一个等级。主将巡查完三个等级的训练之后，便举行大阅兵，考核各种制度，分出正兵与奇兵的区别，当众宣布军纪和对违反军纪行为的惩罚标准。这种措施实行后，陛下只需在高处观阅，没有一个命令是不能实施的。"

太宗曰："伍法有数家，孰者为要？"

靖曰："臣按《春秋左氏传》云：'先偏后伍[①]。'又《司马法》曰：'五人为伍。'《尉缭子》[②]有束伍令[③]；汉制有尺籍伍符[4]。后世符籍，以纸为之，于是失其制矣。臣酌其法，自五人变为二十五人，自二十五人而变为七十五人，此则步卒七十二人，甲士三人之制也。舍车用骑，则二十五人当八马，此则五兵五当[5]之制也。是则诸家兵法，惟伍法为要。小列五人，大列之二十五人，参列之七十五人，又五参其数，得三百七十五人。三百人为正，六十人为奇，此则百五十人分为二正，而三十人分为二奇，盖左右等也。穰苴所谓'五人为伍，十伍为队'，至今因之，此其要也。"

［注释］

①先偏后伍：古代的一种作战队形。其法是偏车（车二十五乘为一偏）在前，步卒在后，步卒利用车辆的间隔作战。②《尉缭子》：中国古代著名兵书，宋代颁定的"武经七书"之一。战国中期尉缭所著。尉缭曾对魏惠王讲论兵法。今存《尉缭子》二十四篇。③束伍令：约束部伍的法令。④尺籍伍符：尺籍，书写军令的尺书；伍符是伍内互相连保的凭证。⑤五兵五当：五兵，即弓矢手、殳手、矛手、戈手、戟手五种士兵。弓矢、殳、矛是长兵，掩护短兵；戈、戟是短兵，补救长兵之不足。本文认为，当舍车用骑，即用骑兵而不用车兵作战时，以八马为一伍，相当于步卒25人，是伍法在车、步、骑不同编制内的不同运用。

［译文］

唐太宗说："伍的编制有好几种，哪种最为重要呢？"

李靖说："臣按照《左传》中所说：'先以战车为前阵，后用伍兵尾随配合进攻'；而《司马法》又说：'五人结成的军队编制就是伍'；《尉缭子》一书中有'束伍令'，汉朝时也有在军队实行'尺籍伍符'的制度。后来的信符和文书便多以纸代替，所以原来的制度就消失了。臣斟酌过这种制度，自五人变为二十五人，自二十五人又变为七十五人，这就是步兵七十二人，甲士三人的制度。放弃战车而用骑兵，则二十五人相当于八个骑兵的力量，这就是五种兵运用五种不同兵器的制度。所以，无论哪家兵法，只有以伍为编制的制度最为重要，小队列五人，大队列二十五人，参队列七十五人。五个参列，便是三百七十五人。其中三百人作为正兵队伍，六十人作为奇兵队伍。这是分左右各一百五十人为两队正兵队伍，而六十人也等分为左右两支奇兵队伍。司马穰苴所说的‘五人为伍，十伍为队’到今天还在沿用，这就是它的重要之处。”

太宗曰：“朕与李勣论兵，多同卿说，但勣不究出处尔。卿所制六花阵法①，出何术乎？”

靖曰：“臣本诸葛亮八阵法也，大阵包小阵，大营包小营，隅落钩连，曲折相对②，古制如此。臣为图因之，故外画之方，内环之圆，是成六花，俗所号尔。”

太宗曰：“内圆外方，何谓也？”

靖曰：“方生于步，圆生于奇，方所以矩其步，圆所以缀其旋。是以步数定于地，行缀应于天，步定缀齐，则变化不乱。八阵为六，武侯之旧法焉。”

［注释］

①六花阵法：根据诸葛亮八阵图演变而成的阵法。它由方阵变为内圆外方，由八阵变为六阵。六阵加上中军共为七军，故又名七军阵。中军为奇兵，共七队为一阵，其队形通常不作变化；外围六军为正兵，分为左右虞候各一军，左右厢各二军，每军以七队编成一阵，共四十二队。根据地形，阵式可作方、圆、曲、直、锐各种阵形变化。②隅落钩连，曲折相对：即指六花阵内各小阵之间互相衔接、呼应而无破绽；各小阵接合与交叉的地方互相对称、策应，秩序井然。隅，指阵的各个攻守正面；落，阵的各角，即各小阵的衔接部。曲，指小阵间的交叉和队形转换。四隅四落是方，曲折相对为圆，所以说“外画之方，内环之圆，是成六花”。

［译文］

唐太宗说：“朕与李勣议论兵法，大多与你所说的内容相同，但李勣却不能指出这些内容的出处。你所创制的六花阵法，是出自哪一种战术呢？”

李靖说：“臣所依据的是诸葛亮的八阵法。大阵中包含小阵，大营中包含小营，各个角落都互相勾连，曲折相对，古代的制度就是如此，臣绘制阵图依据的就是它。所以将外部画成方形，里面画成圆形，由此形成六花的样式，因此人们称之为‘六花阵’。”

太宗说：“内圆外方是什么意思？”

李靖说：“方形的兵阵是以步为单位计算编设的，圆形的兵阵是以奇兵编设的。方形的兵阵之所以以步为计算单位设成矩形，圆形的兵阵之所以以各队连接而成为圆形，是因为步的形成与地方的原理相适应，队列相互勾连与天圆的原理相适应。步数规定一致，勾连保持一致，无论怎样变化也不会乱了兵阵。八种兵阵变化成六花阵，是武侯的传统兵法。”

太宗曰：“画方以见步，点圆以见兵，步教足法，兵教手法，手足便利，思过半矣！”

靖曰：“吴起云‘绝而不离，却而不散’①，此步法也。教士犹布棋于盘，若无画路，棋安用之？孙武曰：‘地生度，度生量，量生数，数生称，称生胜。胜兵若以镒称铢，败兵若以铢称镒。’②皆起于度量方圆也。”

太宗曰：“深乎，孙武之言！不度地之远近，形之广狭，则何以制其节乎？”

靖曰：“庸将罕能知其节者也。‘善战者，其势险，其节短，势如彍弩，节如发机。’③臣修其术，凡立队相去各十步，驻队④去前队二十步；每隔一队，立一战队⑤。前进以五十步为节。角一声，诸队皆散立，不过十步之内。至第四角声，笼枪跪坐。于是鼓之，三呼三击，三十步至五十步以制敌之变。马军从背出，亦五十步临时节止。前正后奇，观敌如何。再鼓之，则前奇后正，复邀敌来，伺隙捣虚。此六花大率皆然也。”

[注释]

①绝而不离，却而不散：语出《吴子·治兵》，原文为“虽绝成阵，随散成行”。②“地生度……败兵若以铢称镒”句：语出《孙子·形篇》。镒、铢均为古代衡制中的重量单位，镒大于铢。③“善战者……节如发机”句：语出《孙子·势篇》。彍弩，张满的弓弩。④驻队：停止前进的部队。⑤战队：即战斗队。

[译文]

唐太宗说：“画好方阵就可以观察到士卒的步法，具体方位标清就可以看到士卒使用武器的方法。以观察到的步法来训练士卒列阵的脚法，以观察到的兵器来训练士卒对武器的使用方法。手脚都训练好后，想来事情就做了过半了吧？”

李靖说：“吴起曾说：‘队伍处于绝危的境地仍然坚持不混乱，队伍在退却时仍然保持行列整齐’，这就是训练步伐的作用。训练士兵就好像在棋盘上布置棋子，如果没有画好的棋路，棋子怎么使用呢？孙武说：‘根据地形状况来判断；根据你的判断来推测战场上可能出现的情况；根据可能出现的情况，来决定派出多少兵力；根据兵力多少，来判断敌我双方军力的对比；根据双方军力对比，来决定战争的胜利。胜利的军队就像用镒来比较铢，失败的军队就像用铢来比较镒。’这些依据的都是对方阵圆阵的研究罢了。”

唐太宗说：“孙武的言论很深刻！不审度地理的远近，地形的广狭，那怎么可以掌握战争的节奏呢？”

李靖说：“平庸的将领很少有能懂得战场上的节奏的。‘善于指挥作战的人，能利用紧急的形势，能掌握短暂的战机。形势紧急就如拉满的弓弩，时机短暂就如同扣扳机的那一刹那。’臣曾研修过这种战术。凡是布置战场上的军队，彼此相距各十步，驻守的队伍距大部队二十步；每隔一队，布置一个随时准备投入战斗的队伍。前进时，以五十步为一个单位。号角响第一声时，各队都散开，相距不超过十步。到第四声号角时，全体举起枪，做好战斗的姿势。在此时开始敲击战鼓，三次呐喊，同时发起三次进攻，在三十步至五十步之间控制敌方的变化。骑兵从背后出击，也到五十步时暂时停止。先用正兵，再用奇兵，看敌方怎样行动。再次擂起战鼓的时候，战术变为先奇兵后正兵，再次向敌方挑战，看准时机向敌人薄弱处进攻。这就是六花阵法的大概战术。”

太宗曰：“曹公《新书》云：‘作阵对敌，必先立表，引兵就表而阵。一部受敌，余部不进救者斩。’[①]此何术乎？”

靖曰：“临敌立表，非也。此但教战时法尔。古人善用兵者，教正不教奇，驱众若驱羊群，与之进，与之退，不知所之也。曹公骄而好胜，当时诸将奉《新书》者，莫敢攻其短。且临敌立表，无乃晚乎？臣窃观陛下所制破阵乐舞[②]，前出四表[③]，后缀八幡，左右折旋，趋步金鼓，各有其节，此即八阵图四头八尾之制也。人间但见乐舞之盛，岂有知军容如斯焉！”

太宗曰：“昔汉高帝定天下，歌云‘安得猛士兮守四方’。盖兵法可以意授，不可以言传。朕为破阵乐舞，唯卿已晓其表矣，后世其知我不苟作也。”

［注释］

①“作阵对敌……余部不进救者斩”句：语出《曹操集·步战令》。表，标志。这里指演练列阵对敌时，标志出发地域、行进距离并据以变换前进速度的标志。②破阵乐舞：唐宫廷乐舞，原名《秦王破阵乐》，是李世民为秦王时作战用的军乐，后改编为表现战阵之事的军事舞蹈。③表：这里指破阵乐舞用的旌旗。

［译文］

唐太宗说：“曹操的《新书》上说：‘战场上布置兵阵与敌方

作战，必定要先确定一标志，指挥军队按照标志的移动来布阵。如果一部军队受到敌方进攻，其他各部不去救援者，一律斩首！’这是什么方法呢？”

李靖说：“临阵作战时才确定军队的标志是不对的，这只是训练军队作战时使用的方法而已。古代善于指挥军队的人，只训练军队做正兵，而不训练军队做奇兵。他们驱使众士卒就如同驱赶羊群一样，与他们一起前进，一起后退，却不让他们知道要去哪里。曹操自以为是，而且喜欢逞强，当时恭敬地领到《新书》的诸位将领，谁也不敢批评其中的缺点和不足。况且，临阵对敌时才确立各部的标志，不是太晚了吗？臣私下观察陛下所创制的破阵乐舞，前面摆出了四个标志，后面连着八面旗帜，左右来回挥动，前进后退都以金钲和战鼓为准，每部分都有自己的节奏，这就是八阵图四方八尾的制度。人们只是看见歌舞的盛况，哪有人知道军队的阵容和这些一样呢？”

唐太宗说：“过去汉高祖平定天下后，曾唱道‘安得猛士兮守四方’。看来兵法是只可意会，不可言传的。朕所编创的破阵乐舞，只有你明白它所表现的含义，后世之人也因此知道我不是随随便便编成的。”

太宗曰：“方色五旗[①]为正乎？幡麾折冲[②]为奇乎？分合为变，其队数曷为得宜？”

靖曰：“臣参用古法：凡三队合，则旗相倚而不交；五队合，则两旗交；十队合，则五旗交。吹角，开五交之旗，则一复散为十；开二交之旗，则一复散为五；开相倚不交之旗，则一复散为三。兵散，则以合为奇；合，则以散为奇。三令五申，三散三合，然复归于正，四头八尾，乃可教焉。此队法所宜也。”

太宗称善。

［注释］

①方色五旗：方，方位，方向。色，颜色，旗色。意谓按东南西北中五方，分用青赤白黑黄五色旗帜。②幡麾折冲：幡和麾都是古代军中用以指挥或作为标志的旗帜。冲，战车。折，挫折，引申为击退。

［译文］

唐太宗说："方阵用五色的旗帜布阵是属于正兵吗？使用军旗指挥军队打退敌方是属于奇兵吗？队形的分合变化，以多少队数最合适呢？"

李靖说："臣参用古代的战法，凡是三支队伍合为一支者，他们的旗帜只是相互依靠着，却并不交叉混合在一起；五支队伍合在一起，则有两面旗帜交叉混合布置；十支队伍合在一起，则有五面旗帜交叉混合布置。一旦号角吹响，那五面交叉混合的旗帜便再次分散为五支队伍；那些相互依靠，没有混合的军旗，由结为一体而分散成三支队伍。军队处在分散的状况时，就以合并为奇兵；军队处于合并状况时，分散就成为奇兵。三令五申，让部队再三分散并合并，最后恢复原来的正常编阵，呈现出四头八尾的阵势，这时的队伍便可正式训练了。队列兵阵的训练就是这样。"

唐太宗表示赞同李靖的说法。

太宗曰："曹公有战骑、陷骑、游骑①，今马军何等比乎？"

靖曰："臣按《新书》云：战骑居前，陷骑居中，游骑居后②。如此则是各立名号，分类三等尔。大抵骑兵八马，当车徒③二十四人；二十四骑当车徒七十二人，此古制也。车徒常教以正，骑队常教以奇。据曹公，前后及中分为三覆④，不言两厢⑤，举一端言也。后人不晓三覆之义，则战骑必前于陷骑、游骑，如何使用？臣熟用此法，回军转阵，则游骑当前，战骑当后，陷骑临变而分，皆曹公之术也。"

太宗曰："多少人为曹公所惑。"

[注释]

①战骑、陷骑、游骑：战骑，对敌冲锋的骑兵。陷骑，利用战骑的战果，突入敌阵的轻骑兵。游骑，待命应援、担负警戒任务的骑兵。②'战骑居前，陷骑居中，游骑居后'句：参见《曹操集·步战令》。③车徒：配属兵车的步卒。④三覆：指曹操把骑兵部队分作前中后三部分，作战时灵活运用序列，可以随时变换次序。⑤两厢：指左右两翼而言。

[译文]

唐太宗说："曹操所讲的有战骑、陷骑、游骑，相当于现在的哪种骑兵呢？"

李靖说："臣按照《新书》的记载，战骑安排在前面，陷骑安排在中间，游骑安排在后面，这样就是各自设立标志，从而分为三大部分。大约骑兵的八匹马相当于战车兵的二十四人，二十四骑也就相当于战车兵的七十二人，这是古时候的制度。对战车队的步兵要经常训练他们正兵的战法，对骑兵要经常训练他们作为奇兵的战法。按照曹操的兵法，前中后部分为三部分，没有提到两翼，这是因为他只是举一个方面为例来说明问题罢了，并非没有两翼。后来的人们不了解'三覆'的含义，就一定要把战骑排在最前面，那怎么能够灵活使用呢？臣对这种兵法十分熟悉，军队掉头改变阵式时，那么游骑就在队列前方，战骑在队列后方，陷骑则根据情况的变化而分，这都是曹公的战术。"

唐太宗笑着说："有多少人都被曹公的兵法迷惑了。"

太宗曰："车、步、骑三者一法也，其用在人乎？"

靖曰："臣案春秋鱼丽阵[①]，先偏后伍，此则车步无骑，谓之左右拒[②]，言拒御而已，非取奇胜也。晋荀吴伐狄，舍车为行，此则骑多为便，唯务奇胜，非拒御而已。臣均其术：凡一马当三人，车步称之，混为一法，用之在人。敌安知吾车果何出，骑果何来，徒果何从哉？或潜九地，或动九天，其知如神，惟陛下有焉，臣何足以知之？”

［注释］

①鱼丽阵：春秋时郑庄公所创。郑国有左拒、中军、右拒三军，一军有五偏（二十五乘车为一偏），一偏有五队，一队有五车。把五偏部署在五方，即成方阵。各偏以兵车居前，步卒居后，弥补偏间的缝隙。把左拒、中军、右拒排成倒品字形的队式，成为兵车和步卒配合的一种鱼网状的队形。丽，通“罹”。②左右拒：指分左右两翼抵御敌人。拒，同“矩”，即方阵。

［译文］

唐太宗说：“战车兵、步兵、骑兵这三个兵种的作战原则都是一个道理，对他们的使用都是因人而异的吗？”

李靖说：“臣根据春秋时的鱼丽之阵，先是战车阵，而后是步兵阵，这主要是因为当时只有这两个兵种而没有骑兵，称之为左右方阵，主要是用于防御而已，不主张出奇制胜。晋国荀吴征伐狄人时，放弃战车而使用步兵，这是因为步兵在大多数情况下都较为方便，专为以奇兵取胜，而不是以防御为主。臣均衡了这些战术，基本上是以一匹马抵挡三个人，战车兵也基本相当，混合为一体，使用、调动全由主将来掌握。如此以来，敌军怎会知道我方的战车会从什么地方出来，我方的骑兵会从什么方向来，我方的步兵又会冲向什么方向呢？我方的军队隐藏得像入了九地那么深，或许声势能震动九天，这种智慧就如同神灵一般，只有陛下才有这种智慧，臣怎么配得上知道呢？”

太宗曰：“太公书①云：‘地方六百步，或六十步，表十二辰。’其术如何？”

靖曰：“画地方一千二百步，开方②之形也。每部占地二十步之方，横以五步立一人，纵以四步立一人。凡二千五百人，分五方，空地四处，所谓阵间容阵者也。武王伐纣，虎贲各掌三千人，每阵六千人，共三万之众，此太公画地之法也。”

太宗曰：“卿六花阵，画地几何？”

靖曰：“大阅[③]：地方千二百步者，其义六阵，各占地四百步，分为东西两厢，空地一千二百步，为教战之所。臣尝教士三万，每阵五千人，以其一为营法[④]，五为方、圆、曲、直、锐之形，每阵五变，凡二十五变而止。”

太宗曰：“五行阵[⑤]如何？”

靖曰：“本因五方色立此名。方、圆、曲、直、锐实因地形使然。凡军不素习此五者，安可以临敌乎？兵，诡道也，故强名五行焉。文之以术数相生相克[⑥]之义。其实兵形象水，因地制流，此其旨也。”

［注释］

①太公书：即太公兵法，今传世的据说为姜太公所著的《六韬》中并无此文。②开方：古时指每边长 1200 步之正方形。③大阅：对军队的大检阅。④营法：六花阵中进行示范训练的一阵。李靖在校阅时，中间空出一块场地作为教场，两面分列六军。一军演练营法，另五军则演练方、圆、曲、直、锐五种阵形。⑤五行阵：以五行表示方位的战阵，水位西北，火位东南，金位西南，木位东北，土位中央。相传为姜太公创制，不足为信。⑥术数相生相克：我国古代术数家有五行相生相克说。相生，谓木生火，火生土，土生金，金生水，水生木；相克，谓木克土，土克水，水克火，火克金，金克木。

［译文］

唐太宗说：“太公的兵书上说：‘用一块六百步或六十步见方的地方，使各队列分别以十二个时辰来表示。’这是什么战术？”

李靖说：“在空地上画一块边长为一千二百步的正方形，在这个大正方形中按东、西、南、北、中五个方位画五个边长为二十

（百）步的小正方形地盘，同时东西南北四方各留出一块空地。每个小正方形中横向每隔五步站立一名士卒，纵向每隔四步站立一名士卒，共五百人，五个小阵合成一个大阵，共部署两千五百人。这五个小方阵，以及四块空阵，就是所谓的兵阵间还包括空阵的布阵术。周武王征伐商纣王时，每位虎贲掌握三千人的军队，每阵六千人，总共有三万人之多，这就是姜太公的画地布阵法。”

唐太宗说：“你的六花阵法画地多少？”

李靖说：“大检阅时，在空地上画出一块边长为一千二百步的方地，目的是要分为六阵，每阵各占地四百步，总体分为东西两部，中间空出一千二百步的地方作为训练场。臣曾经训练士卒三万人，每阵布置五千人，用其中一个阵营为主将指挥作战处，其余五个阵营分别为方、圆、曲、直、锐等阵形。每个兵阵进行五次形式变化，五个阵营共变化二十五次。”

唐太宗说：“五行阵是怎么回事？”

李靖说：“本来是依据五个方位的颜色来设置这些名称的，而方、圆、曲、直、锐等阵形，实际上是根据地形来布置的。平时军队不经常演习这五种阵形，怎么可以与敌方对阵呢？军事本来就是诡诈之道，所以才特意将这几种阵形以五行来命名，以术数学中相生相克的理论来迷惑世人。其实，兵阵的形式就像水流一样，是根据地形来决定流向的，这才是它的本旨。”

太宗曰：“李勣言牝牡，方圆伏兵法，古有是否？”

靖曰：“牝牡之法，出于俗传，其实阴阳[①]二义而已。臣按范蠡[②]云：‘后则用阴，先则用阳。尽敌阳节，盈吾阴节而夺之。’此兵家阴阳之妙也。范蠡又云：‘设右为牝，益左为牡，早晏以顺天道。’此则左右早宴临时不同，在乎奇正之变者也。左右者，人之阴阳；早晏者，天之阴阳；奇正者，天人相变之阴阳。若执而不变，则阴阳俱废。如何？守牝牡之形而已。故形之者，以奇示敌，非吾正也；胜之者，以正击之，非吾奇也。此谓奇正相变。兵伏者，不止山谷草木伏藏。所以为伏也，其正如山，其奇如雷，敌虽对面，莫测吾奇正所在。至此，夫何形之有焉？”

［注释］

①阴阳：中国古代哲学的一对范畴。在军事上，阴阳一般解释为刚柔、明暗、先后、正奇、左右等，此处的阴，可理解为潜力。阳，可理解为锐气。②范蠡：春秋末楚国（今河南南阳）人，字少伯，越国大夫。曾帮助越王艰苦图强，发展国力，灭亡吴国。其思想具有朴素的辩证法观点，认为世界上一切现象的变化，都如日月运行一样，发展到顶点就会向相反方向转化，国势的盛衰也是这样。

［译文］

唐太宗说：“李勣所说的牝牡、方圆伏兵的阵法，古时是否有呢？”

李靖说：“牡牝之阵法，出自民间的传说，其实就是阴阳二义而已。臣依据范蠡所说的‘居后时，使用阴性战术；居先时，使用阳性战术；使敌方的阳气尽竭，来充盈我方的阴气，从而达到战胜敌人的目的。’这就是兵家阴阳的微妙之处。范蠡兵书上又说：‘如果右边摆设为牝阵，那么左边为牡阵，从早到晚都要顺应自然。’这就是左右、早晚因时间而不尽相同，关键在于运用奇正的变化。左右，表示着人的阴阳；早晚，表示着自然的阴阳；奇正，是自然界与人两者相互变化的阴阳。如果拘泥左右、早晚而不善于变化，那么阴阳二者都废弃无用了。为什么呢？因为这只是坚持着牝牡的形式而已。所以要将军队摆出阵形，是用奇兵来向敌方表示，并非因为我们用了正兵；取得胜利，是因为我们用正兵攻击敌人，并非是因为我们的奇兵。这就是所谓的奇兵与正兵的相互变化。使用伏兵，不仅仅是将军队藏伏在山谷间和草木丛中。之所以称为伏兵，是因为用正兵时，如同山岳一样不可摧；用奇兵时，如同雷电一样迅疾。敌人即使面对着我，也猜测不出我方哪些是正兵，哪些是奇兵。用兵到了这种境界，还有什么形迹可寻呢？”

太宗曰：“四兽[①]之阵，又以商、羽、徵、角[②]象之，何道也？”

靖曰：“诡道也。”

太宗曰：“可废乎？”

靖曰：“存之，所以能废之也。若废而不用，诡愈甚矣。”

太宗曰：“何谓也？”

靖曰：“假之以四兽之名，及天、地、风、云之号，又加商金、羽水、徵火、角木之配，此皆兵家自古诡道。存之，则余诡不复增矣；废之，则使贪使愚之术从何而施哉。”

太宗良久曰：“卿宜秘之，无泄于外。”

［注释］

①四兽：指鸟、龟、龙、虎。典出《礼记·曲礼上》：“行前朱鸟而后玄武，左青龙而右白虎，招摇在上，急缮其怒。”四兽代表四方：鸟代表南方，龟代表北方，龙代表东方，虎代表西方。②商、羽、徵、角：古代五声（又称五音）中的四声（另一声为宫）。古人用四声代表四方，并象征四兽。商为西方之音，属金，代表虎；角为南方之音，属火，代表鸟；徵为东方之音，属木，代表龙；羽为北方之音，属水，代表龟。

［译文］

唐太宗说：“以四兽命名的兵阵，同时又用商、羽、徵、角四音来代表，这是什么道理呢？”

李靖说：“诡诈之道而已。”

唐太宗说：“可以废除它吗？”

李靖说：“只有将它保存下来，才能从根本上废除它。如果仅仅是废除而不利用它，结果只能使诡诈的学说更加盛行。”

唐太宗说：“这是为什么呢？”

李靖说：“假借四兽的名称，以及天、地、风、云的旗号，再加上商金、羽水、徵火、角木四种音的配合，这些都是兵家们自古以来的诡诈之术。保留了它，那么其他的诡诈学说便不会再增加了；相反如果废除了它，那么使人贪婪，使人愚昧，从而便于驱使的方法又怎么实施呢？”

唐太宗思考良久说：“你应该将这些事保密，不要泄露给外人了。”

太宗曰：“严刑峻法，使人畏我而不畏敌，朕甚惑之。昔光武[①]以孤军当王莽[②]百万之众，非有刑法临之，此何由乎？”

靖曰：“兵家胜败，情状万殊，不可以一事推也。如陈胜[③]、吴广[④]败秦师，岂胜、广刑法能加于秦乎？光武之起，盖顺人心之怨莽也，况又王寻、王邑[⑤]不晓兵法，徒夸兵众，所以自此败。臣按《孙子》曰：‘卒未亲附而罚之，则不服；已亲附而罚不行，则不可用。’[⑥]此言凡将先有爱结于士，然后可以严刑也。若爱未加而独用峻法，鲜克济焉。”

太宗曰：“《尚书》言：‘威克厥爱，允济；爱克厥威，允罔功。’[⑦]何谓也？”

靖曰：“爱设于先，威设于后，不可反是也。若威加于先，爱救于后，无益于事矣。《尚书》所以慎戒其终，非所以作谋于始也。故《孙子》之法万代不刊。”

[注释]

①光武（前6—公元57）：汉光武帝，即东汉王朝的建立者刘秀。南阳蔡阳人。王莽末年，刘秀乘农民大起义之机，起兵反莽，加入绿林起义军。后以

废除王莽苛政，恢复汉朝为号召，力量逐渐壮大。后镇压了赤眉起义军，削平各个割据势力。25 年称帝，统一全国。②王莽（前 45—公元 23）：新王朝的建立者。汉元帝皇后王政君的侄子。西汉末他利用裙带关系和阴谋手段夺取政权，公元 8 年称帝，改国号为新。由于其倒行逆施，法令苛繁，赋役繁重，使阶级矛盾激化。更始元年（23）在绿林、赤眉农民起义的打击下，新政权崩溃，王莽也被杀。③陈胜（？—前 208）：秦末农民起义军领袖。字涉，阳城人。秦二世元年（前 209），他与吴广在大泽乡（今安徽宿州东南）发动同行戍卒九百人起义，并建立张楚政权。但由于战术不对，同秦军交战时连战连败，后为叛徒所杀。④吴广（？—前 208）：秦末农民起义军领袖。字叔，阳夏人，贫苦农民出身，和陈胜举事后，任张楚政权假王，率领起义军主力西征，围攻荥阳。后为部将所杀。⑤王寻、王邑：王寻，王莽的大司徒，封章新公（三公之一）。王邑，王莽的大司空，封隆新公（三公之一）。⑥“卒未亲附而罚之……则不可用”句：语出《孙子·行军篇》。⑦“威克厥爱……允罔功”句：语出《尚书·胤征篇》。

[译文]

唐太宗说：“采用严刑峻法，使人们害怕我而不害怕敌人，朕对此十分疑惑。过去汉光武帝用一支军队对抗王莽的百万之众，并没有使用严刑峻法来管理军队，这是什么原因呢？”

李靖说：“军队的胜败，情况是千差万别的，不能用一件事来推论。例如陈胜、吴广打败秦军，岂因陈胜、吴广的刑罚和法律比秦朝还严酷吗？汉光武帝的兴起，是因为他顺应了人民怨恨王莽的心情。况且王寻、王邑又不懂得用兵之道，只是空夸军队人数多，因此失败了。臣依据《孙子兵法》中所说：‘士卒尚未亲近依附之前就惩罚他们，他们就会不服；士卒已经亲近依附后，不使用刑罚来对付犯错的人，就不能有效地使用他们。’这就是说，凡是做将领的，首先要先用爱心结交士卒，然后才可以用严刑来管理、约束军队。如果没有爱心，只是一味地对士卒使用严酷的刑罚和法律，很少有人能获得成功。”

唐太宗说："《尚书》上说：'威严强过溺爱，就可以成功；溺爱强过威严，是不会成功的。'怎么解释呢？"

李靖说："爱护要施在先，威严要施在后，不可以与此相反。如果威严施行在前，再用爱护来补救，对事情的进展没有任何益处。《尚书》是用这个道理告诫人们要谨慎防备到最后，而不是以此劝人们在事情开始时便筹划。所以《孙子兵法》的原理，永远不会改变。"

太宗曰："卿平萧铣[①]，诸将皆欲籍[②]伪臣家以赏士卒，独卿不从，以谓蒯通[③]不戮于汉，既而江汉归顺。朕由是思古人有言曰：'文能附众，武能威敌。'其卿之谓乎？"

靖曰："汉光武平赤眉[④]，入贼营中案行。贼曰：'萧王推赤心于人腹中。'[⑤]此盖先料人情本非为恶，岂不豫虑哉！臣顷讨突厥，总蕃汉之众，出塞千里，未尝戮一扬干[⑥]，斩一庄贾[⑦]，亦推赤诚存至公而已矣。陛下过听，擢臣以不次之位，若于文武则何敢当！"

[注释]

①萧铣（583—621）：后梁宣帝曾孙。隋末任罗县令。617年自称梁王，次年称帝，迁都江陵，割据长江中游等地。武德四年（621），李靖乘长江水涨，萧铣无备，突然率军东下，直逼江陵，萧铣兵败降唐，被杀于长安。②籍：籍没。指登记并没收所有财产。③蒯通：即蒯彻。范阳人，善辞令，有智谋，曾游说范阳县令徐公投降，使陈胜起义军唾手而得30余城。后劝韩信背叛刘邦自立，但刘邦并未因此而杀他，后为曹参宾客。④赤眉：王莽新政权末年起义于青徐一带的农民起义军。作战时为与敌军区别，他们以赤色染眉毛，因而得名。后被刘秀镇压。⑤萧王推赤心于人腹中：语出《后汉书·光武帝》。刘秀称帝前，更始帝曾封他为萧王。⑥扬干：晋悼公之弟。悼公四年（前569）会诸侯于鸡泽，时魏绛为中军司马，扬干在曲梁乱了行列，按军法当斩，因是悼公之弟，故斩其右手带罪。⑦庄贾：齐景公宠臣，平素甚骄傲。

齐景公同燕、晋作战，以司马穰苴为将，庄贾为监军。司马穰苴约定于次日中午到达军中，而庄贾因亲友饯行，误至过午才到，穰苴依军法将其斩首。

[译文]

唐太宗说："你平定萧铣时，诸位将领都想没收萧铣臣属的家产来赏给士卒们，只有你不同意，并且说这与汉刘邦不杀蒯通同理。很快，江汉地区都归顺了朝廷。朕由此想起了古人的一句话说'论文能够安抚众人，论武能够威震敌人'，说的就是你这种情况吧。"

李靖说："汉光武帝平定赤眉军后，曾到已经归降，但心中仍十分不安定的赤眉军中巡视。赤眉军将士说：'萧王能以诚心换忠心。'这是因为先料到人的本性并不是恶的，事先怎么会不考虑呢！臣讨伐突厥的时候，统领少数民族和汉族的军队，出边塞千里之外，未曾杀一个像扬干或庄贾那样的人，也是用赤诚之心保持了最公正的做法而已。陛下听到言过其实的传言，破格提拔我到高位，如果就文韬武略来说，臣哪里敢当呢？"

太宗曰："昔唐俭①使突厥，卿因击而败之。人言卿以俭为死间②，朕至今疑焉，如何？"

靖再拜曰："臣与俭比肩事主，料俭说必不能柔服，故臣因纵兵以击之，所以去大恶不顾小义也。人谓以俭为死间，非臣之心。按《孙子》，用间③最为下策，臣尝著论其末云：'水能载舟，亦能覆舟。或用间以成功，或凭间以倾败。若束发事君，当朝正色，忠以尽节，信以竭诚，虽有善间，安可用乎？'唐俭小义，陛下何疑。"

太宗曰："诚哉，非仁义不能使间④，此岂纤人⑤所为乎？周公大义灭亲⑥，况一使人乎？灼无疑矣。"

［**注释**］

①唐俭：唐初大臣，字茂约，并州晋阳人。曾几次出使突厥，为唐太宗平定突厥创造了有利条件。累官至民部尚书。②死间：在敌国从事间谍活动，以泄露假机密扰乱对方。因其处境险恶，难得生还，故称死间。③用间：《孙子》第十三篇的篇名。主要讲用间的作用和方法，并把间谍区分为因间、内间、反间、死间、生间等。④非仁义不能使间：语出《孙子·用间篇》。⑤纤人：即小人，人格卑下的人。纤，细，小。⑥周公大义灭亲：周公，西周初大政治家。周武王弟，名旦，因采邑在周（今陕西岐山东北），称为周公。武王死后，成王年幼，周公摄政，他的两个兄弟管叔和蔡叔不服，和纣王之子武庚一起叛乱。周公平定叛乱后，杀了武庚和管叔，放逐了蔡叔，巩固了西周政权，史称周公大义灭亲。

［**译文**］

唐太宗说："过去唐俭出使突厥时，你趁机发动进攻，而打败了突厥。有人说，你用唐俭作为死间，朕到现在还对这件事感到疑惑，到底是怎么回事呢？"

李靖拜了两拜后说："臣与唐俭同朝侍奉君王，对唐俭比较了解，知道唐俭的游说之辞不可能使突厥臣服，所以，臣趁机率兵攻击，这是一心想为国家除去心腹大患，便顾不得小义了。有人说，臣以唐俭为死间，这确实不是臣的本心。按照《孙子兵法》，使用间谍是最糟糕的下策。臣曾经在这段论述后写有评论说：'水能载舟，亦能覆舟。有的人使用间谍获得成功，有的人因为使用间谍而失败。如果束发侍奉君主，在上朝时端庄严肃，忠心耿耿地尽臣子的职责，竭尽真诚来求得君王的信任，在这种情况下，即使有善于离间的人，可又怎么能得逞呢？'像唐俭这件事，乃是小义，陛下还有什么可疑虑的呢？"

唐太宗说："你说得很诚恳。如果不是仁义的人就不能使用间谍，这哪里是小人所能做到的呢？周公旦大义灭亲，何况是一个使者呢？我已经完全没有疑虑啦！"

太宗曰："兵贵为主，不贵为客①；贵速，不贵久。何也？"

靖曰："兵，不得已而用之，安在为客且久哉？《孙子》曰'远输则百姓贫'②，此为客之弊也。又曰：'役不再籍，粮不三载。'③此不可久之验也。臣较量主客之势，则有变客为主、变主为客之术。"

太宗曰："何谓也？"

靖曰："'因粮于敌'④，是变客为主也；'饱能饥之，佚能劳之'⑤，是变主为客也。故兵不拘主客迟速，惟发必中节，所以为宜。"

太宗曰："古人有诸？"

靖曰："昔越伐吴⑥，以左右两军鸣鼓而进，吴分兵御之。越以中军潜涉不鼓，袭败吴师，此变客为主之验也。石勒⑦与姬澹⑧战，澹兵远来，勒遣孔苌⑨为前锋，逆击澹军，孔苌退而澹来追，勒以伏兵夹击之，澹军大败，此变劳为佚之验也。古人如此者多。"

[注释]

①主、客：古代军事术语。从战略上说，以逸待劳、本土防御的一方为主，劳师远袭、越境进攻的一方为客。通常情况下，主方地形有利，民情熟悉，供给方便，占有主动。反之，客方则比较被动。但是，在战争中客方为了争取主动，也可采取抢占有利地形，迷惑调动敌人等方式，反客为主。②远输则百姓贫：语出《孙子·作战篇》。③役不再籍，粮不三载：语出《孙子·作战篇》。④因粮于敌：语出《孙子·作战篇》。⑤饱能饥之，佚能劳之：语出《孙子·虚实篇》。⑥越伐吴：前478年春，越王勾践出兵伐吴，吴王夫差在笠泽（今江苏吴淞江）水面布阵以抵御越军，越军用左右两翼佯动，虚张声势，分散吴军兵力，以中军偷渡袭击，大败吴军。⑦石勒（274—333）：字世龙，羯族，上党武乡（今山西榆社北）人，十六国时期后赵的建立者。⑧姬

澹：字世稚，代县（今河北蔚县）人，晋侍中、太尉刘琨部将。316年秋，石勒围乐平，乐平太守韩据向刘琨求救，琨命姬澹率步骑二万为前锋同石勒作战。石军一面控制险要，预设两层埋伏，一面派出少数轻骑兵出战佯败诱敌，姬澹中计入伏大败。⑨孔苌：后赵将军，石勒心腹，参与石勒多次对敌战争。石勒抓住西晋王公时，孔苌劝石勒杀之。

［译文］

唐太宗说："用兵作战，贵在利用自己的领土进行防御战，不贵在别人的领土上进行进攻战。如果在别人的领土上作战，兵贵神速，不在持久，为什么呢？"

李靖说："运用武力，是在迫不得已的情况下才发生的，哪里能在别人的领土上作战而且持久呢？《孙子兵法》上说'军队供给远途运输会使百姓贫困'，这是在别人领土上作战的弊端。《孙子兵法》又说：'征兵不连征二次，征粮不连征三次。'这就是在别人的领土上作战不可太久的经验之谈。臣比较了进攻和防御两方面的形势，就可以有变客为主、变主为客的战术。"

唐太宗说："这怎么讲呢？"

李靖说："'在敌方领土上获得粮草'，这是变客为主的方法；'设法使粮草供给充足的敌人变得粮草紧张，使本来休整得很好的敌人变得疲劳不堪'，这是变主为客的办法。所以，用兵作战不能拘泥于主客、迟速，只要行动一定合乎法度，就算是合适。"

唐太宗又问："古人有这种战术吗？"

李靖说："以前越国与吴国争战时，用左右两翼军队击鼓前进，致使吴国军队分兵抵御。越军以主力军队偃旗息鼓偷偷渡江，突然袭击，打败了吴国军队。这就是变客为主的战例。石勒与姬澹作战，姬澹的军队远道而来，石勒派遣孔苌为前锋，迎击姬澹的军队。孔苌兵退，姬澹率军追击，石勒用伏兵夹击他。姬澹的军队大败，这就是变劳为逸的例子。古时候像这样的例子有很多。"

太宗曰："铁蒺藜[①]、行马[②]，太公所制，是乎？"

靖曰："有之，然拒敌而已。兵贵致人，非欲拒之也。太公《六韬》言守御之具尔，非攻战所施也。"

[注释]

①铁蒺藜：亦称渠答。古代战场上用于阻止敌方步骑兵通行的一种障碍物，以铁片联缀而成，状似蒺藜，故名。②行马：主要用于拦阻车骑通行的一种木架，一木横中，两木互穿以成四角，以为路障。俗亦称鹿角，古谓梐枑。把许多行马联起来，亦可阻止步兵通行。

[译文]

唐太宗说："铁蒺藜、行马，是姜太公所创制的吗？"

李靖说："有这么回事，不过是防御敌人而已。作战关键在于控制敌人的行动，而不仅仅是防御阻止敌人。太公的《六韬》讲的多是防御守城之法，而不是进攻作战时的措施。"

卷 下

太宗曰："太公云：'以步兵与车骑战者，必依丘墓险阻。'[①]又孙子云：'天隙[②]之地，丘墓故城，兵不可处。'如何？"

靖曰："用众在乎心一；心一在乎禁祥去疑[③]。倘主将有所疑忌，则群情摇；群情摇，则敌乘衅而至矣。安营据地，便乎人事而已。若涧、井、陷、隙之地[④]，及如牢如罗之处，人事不便者也，故兵家引而避之，防敌乘我。丘墓故城非绝险处，我得之为利，岂宜反去之乎？太公所说，兵之至要也！"

［注释］

①以步兵与车骑战者，必依丘墓险阻：语出《六韬·犬韬·步战》。②天隙：自然形成的雨裂沟坑等障碍，行军时难以通过。③禁祥去疑：语出《孙子·九地篇》。祥，吉凶的预兆。④涧、井、陷、隙之地：概指妨碍部队展开、不便军事行动的几种地形。涧，绝涧，两岸峭峻，水流其中，断绝行人。井，天井，四面高陡，溪水所归，天然大井。陷，天陷，地势低洼，道路泥泞，天然陷阱。隙，天隙，地多沟壕，既深且长，通行困难，天然缝隙。

［译文］

唐太宗说："太公说过：'用步兵与车骑部队作战时，一定要依靠着丘陵墓穴之类的险阻地形。'孙子也说：'天生的断岩绝壁之类地方，以及丘陵墓地、城镇废墟等地方，军队不可驻扎。'这怎么讲呢？”

李靖说：“驾驭众人在于心志专一；心志专一在于禁止求问吉凶预兆的占卜活动，抛弃无谓的怀疑和猜忌。倘若主将心怀某种疑虑，那么众人的情绪就会动摇；人心不稳，敌人就会乘机发动进攻。安营扎寨的地方，主要是便于应付各种局面而已。像绝涧、天井、天陷、天隙之类的地方，以及如同天牢、天罗之类的地方，对于应付各种局面都不利，所以军事家们都率领军队避开这类地方，以防敌人趁我地形不便而发起进攻。丘陵、墓地、城镇、废墟之类的地方，也并非都是绝对不利的地方。如果我们占据后能够取得优势，岂能反而主动舍弃它吗？太公所说的才是指挥军队时至关重要的。”

太宗曰：“朕思凶器无甚于兵者，行兵苟便于人事，岂以避忌为疑？今后诸将有以阴阳拘忌于事宜者，卿当丁宁诫之。”

靖再拜谢曰：“臣按《尉缭子》曰：‘黄帝以德守之，以刑伐之’[①]。是谓刑德，非天官时日[②]之谓也。然诡道可使由之，不可使知之。后世庸将泥于术数，是以多败，不可不诫也。陛下圣训，臣即宣告诸将。”

[注释]

①黄帝以德守之，以刑伐之：语出《尉缭子·天官》。②天官时日：天官，即天文星象。古人把星座按人间的官位命名，区分尊卑，故名天星为天官。时日，古人迷信，往往依据星象时日的某些征候判断能否出兵作战，所以有“兵忌日”之类说法。

[译文]

唐太宗说：“朕认为不祥的东西没有超过兵器的。军队行动如果能够便于处理各种事务，又怎能避讳疑忌而犹豫呢？今后各位将领如果再因为阴阳之说而拘束疑忌，以至于误了大事，你应当叮咛告诫他们。”

李靖拜了两拜后说：“臣依照《尉缭子》上说的‘黄帝用德行来守天下，用刑罚来讨伐暴乱’。这说的是有刑有德，而不是指天官时日。然而，可以运用诡诈之道命令他们去具体执行，但不可使他们知道它。后来的平庸将领拘泥于阴阳术数的说法，所以大部分都失败了，不能不警诫他们。陛下的圣训，臣应当公开告诫各位将领。”

太宗曰：“兵，有分有聚，各贵适宜。前代事迹，孰为善此者？”

靖曰：“苻坚总百万之众，而败于淝水，此兵能合不能分之所致也。吴汉[①]讨公孙述[②]，与副将刘尚[③]分屯，相去三十里，述来攻汉，尚出合击，大破之，此兵分而能合之所致也。太公云：‘分不分，为縻军；聚不聚，为孤旅。’[④]”

太宗曰：“然。苻坚初得王猛[⑤]，实知兵，遂取中原；及猛卒，坚果败。此縻军之谓乎？吴汉为光武所任，兵不遥制，故汉果平蜀。此不陷孤旅之谓乎？得失事迹，足为万代鉴。”

［注释］

①吴汉（？—44）：字子颜，东汉初南阳宛县（今河南南阳）人。汉光武帝时任大司马，封广平侯。率军伐蜀，在成都近郊八战八捷，灭掉了割据益州的公孙述。②公孙述（？—36）：字子阳，东汉初扶风茂陵人（今陕西兴平东北）人。初为王莽导江卒正（蜀郡太守），后据益州（今四川）称帝，36年为汉军击败，被杀。③刘尚：吴汉的副将，任武威将军。在歼灭公孙述的战役中，率军万余屯驻江南，策应吴汉主力攻打成都，结果被敌切断退路。吴汉利用夜色转移兵力，与刘尚会合，遂大破公孙述。④分不分，为縻军；聚不聚，为孤旅：语出《六韬》。縻，牵系，束缚。孤旅，孤立无援之军。⑤王猛（325—375）：字景略，北海剧（今山东寿光东南）人。十六国时前秦政治家，

博学，通兵书，辅佐苻坚统一了北方大部地区。官至丞相，临终前曾告坚不宜攻晋，坚不听，秦军果有淝水之败。

［译文］

唐太宗说："军队布置时要能分能合，各种方法贵在使用恰当。前人的故事中，谁在这方面做得最好呢？"

李靖说："苻坚率领百万之众而在淝水大败，这就是用兵只能合不能分所导致的结果。吴汉征讨公孙述时，与副将刘尚分兵驻扎，两营相距三十里。公孙述率兵来进攻吴汉，刘尚率军夹击公孙述，结果重创了公孙述，这就是用兵能做到分合自如所带来的效果。太公说：'该分散而不分散的军队，就是受束缚的军队；该合而不合的军队，就是孤立无援的军队。'"

唐太宗说："是的。苻坚起初任用王猛时，因王猛确实懂得军事，所以很快夺取了中原地区。等到王猛死后，苻坚果然战败了，这就是所谓的受束缚的军队吗？吴汉受到光武帝的信赖委以重任，指挥军队在外作战时，不受朝廷的控制，因而平定了蜀地，这就是为了不陷于孤军无援的境地吧？这些有得有失的故事，足以作为后世万代所借鉴的经验教训。"

太宗曰："朕观千章万句，不出乎'多方以误之'一句而已。"

靖良久曰："诚如圣语。大凡用兵，若敌人不误，则我师安能克哉？譬如弈棋，两敌均焉。一着或失，竟莫能助。是古今胜败，率由一误而已，况多失者乎？"

［译文］

唐太宗说："朕看兵书上所说的，不外乎'多设方略以使敌方失误'这一句话而已。"

李靖思考良久说："确实和陛下所说的一样。大凡指挥军队作战，如果敌人不失误，那么我军怎么能取胜呢？比如下棋，双方势均力敌，如果一步有所失误，就可能导致无法挽回的败局。由此可见，古今胜败之事，一般都由一个失误而导致，更何况有许多失误的人呢？”

太宗曰：“攻守二事，其实一法欤。《孙子》言：‘善攻者，敌不知其所守；善守者，敌不知其所攻。’[①]即不言敌来攻我，我亦攻之；我若自守，敌亦守之。攻守两齐，其术奈何？”

靖曰：“前代似此相攻相守者多矣，皆曰‘守则不足，攻则有余’[②]。便谓不足为弱，有余为强，盖不悟攻守之法也。臣按《孙子》云：‘不可胜者，守也；可胜者，攻也。’[③]谓敌未可胜，则我且自守；待敌可胜，则攻之尔。非以强弱为辞也。后人不晓其义，则当攻而守，当守而攻。二役既殊，故不能一其法。”

太宗曰：“信乎！有余不足，使后人惑其强弱！殊不知守之法要，在示敌以不足；攻之法要，在示敌以有余也。示敌以不足，则敌必来攻，此是敌不知其所攻者也；示敌以有余，则敌必自守，此是敌不知其所守者也。攻守一法，敌与我分而为二事。若我事得，则敌事败；敌事得，则我事败。得失成败，彼我之事分焉。攻守者，一而已矣，得一者百战百胜。故曰：‘知己知彼，百战不殆。’[④]其知一谓乎？”

靖再拜曰：“深乎，圣人之法也！攻是守之机，守是攻之策，同归乎胜而已矣。若攻不知守，守不知攻，不惟二其事，抑又二其官。虽口诵孙、吴，而心不思妙，攻守两齐之说，其孰能知其然哉？”

［**注释**］

①“善攻者……敌不知其所攻”句：语出《孙子·虚实篇》。②守则不足，攻则有余：语出《孙子·形篇》。③不可胜者，守也；可胜者，攻也：语

出《孙子·形篇》。④知己知彼，百战不殆：语出《孙子·谋攻篇》。

［译文］

唐太宗说："进攻和防守这两件事，其实是遵循同一法则吗？《孙子兵法》说：'善于进攻的人，能使敌人不知该防守什么地方；善于防守的人，能使敌人不知道该进攻什么地方。'却没有讲敌人来进攻我，同时我也进攻敌方的情况；我方如果防守，敌方也采取防守战术。如果双方采取进攻或防守的战术，有什么方法能解决呢？"

李靖说："以前各朝各代像这样相互进攻或相互防守的事例多了，都说：'采取防守战术是因为我方力量有所不足，而采取进攻战术是因为我方力量有余。'这就是说，力量不足便是弱，力量有余便是强。这些都是不能理解进攻和防守的法则罢了。臣依照《孙子兵法》说：'不能战胜敌人时，就采取防守战术；能战胜敌人时，就采取进攻战术。'这就是说，敌人还不能战胜时，那么我方暂且采取防守战术，等到敌人可以战胜时，那么就向他发起进攻。并不是根据力量强弱来说的。后来的人不明白它的意思，应当进攻时却采取防守战术；应当防守时却采取进攻战术。两种情况既然截然不同，所以也不能混为一谈。"

唐太宗说："确实是这样！力量有余和不足这两种情况，使后来的人为强弱的概念而迷惑。殊不知，防守的法则，是要向敌人显示我方力量的不足，那么敌方一定要来进攻，这就是使敌人不知他所要进攻的目标是什么；向敌方显示我方力量有余，那么敌方一定会采取防守，这就是使敌人不知道他所防御的是什么。进攻和防守从根本上说是一件事，对敌人和我方却要两方面看。如果我方成功，那么敌方就失败了；反之就是我方失败了。得失成败，敌方与我方的事要分开。进攻和防守是一种事情，能明白二者是一回事的人，就会百战百胜，所以说'知己知彼，百战不殆'，这就是所说的‘知一’吗？”

李靖拜了两拜后说：“你说得很深刻！这是圣人的法则！进攻是最好的防守，防守是进攻的策略，都是为了达到胜利的目的而已。如果只知道攻而不知道守，或只知道防守而不知进攻，不仅仅将此事一分为二，而且又将二事的职责也分开了。即使口中背诵着《孙子》、《吴子》，而内心却不去思考进攻和防守二者并用的妙处，那么有谁能知道为什么要这么做呢？”

太宗曰：“《司马法》言：‘国虽大，好战必亡；天下虽安，忘战必危。’①此亦攻守一道乎？”

靖曰：“有国有家者，曷尝不讲乎攻守也？夫攻者，不止攻其城、击其阵而已，必有攻其心之术焉；守者，不止完其壁、坚其阵而已，必也守吾气而有待焉。大而言之，为君之道；小而言之，为将之法。夫攻其心者，所谓知彼者也；守吾气者，所谓知己者也。”

太宗曰：“诚哉！朕常临阵，先料敌之心与己之心孰审，然后彼可得而知焉；察敌之气与己之气孰治，然后我可得而知焉。是以知彼知己，兵家大要。今之将臣，虽未知彼，苟能知己，则安有失利者哉！”

靖曰：“孙武所谓‘先为不可胜’者，知己者也；‘以待敌之可胜’者，知彼者也。又曰：‘不可胜在己，可胜在敌。’②臣斯须不敢失此诫。”

[注释]

①“国虽大……忘战必危”句：语出《司马法·仁本》。②“先为不可胜……可胜在敌”句：语出《孙子·形篇》。

[译文]

唐太宗说：“《司马法》说：‘国家虽然强大，好战者一定会灭亡；天下虽然和平，忘记战争必然会处于危险的境地。’这也是进攻和防守为一种法则的道理吧？”

李靖说：“掌握一个国家的人，何尝不讲进攻与防守的道理？所谓进攻，不仅仅是要攻占敌人的城池、攻击敌人的阵营而已，还必须有攻心的战术。所谓防守，不仅仅是要保全自己的营垒、坚固自己的阵营而已，还必须保持将士的士气以应付紧急事情的发生。从大的方面来说，这是做君王的道理；从小的方面来说，这是做将领的方法。所谓攻其心，就是了解敌方；所谓守吾气，就是了解自己。”

唐太宗说：“确实如此！朕过去在战场上指挥作战时，首先要估计敌人的心思和我方的情况，看谁更慎重，考虑更周密，由此敌方的情况就可以知道了。然后再观察敌方和我方的士气谁的更稳定，或更高涨，由此我方的情况也就可以知道了。所以，知己知彼，是军事家最重要的东西。现在的将臣们，虽然不能了解敌方，如果还能了解自己，那么，怎么还会有失利的事情呢？”

李靖说：“孙武所说的‘先使自己不被敌人战胜’，指的是了解自己；‘以等待敌人的行动，借此取得战胜对方的时机’，指的就是了解敌方。又说：‘使自己不被敌方战胜的决定权在自己，可以战胜敌人的决定权在敌方。’臣时刻不敢忘记这一训诫。”

太宗曰：“《孙子》言三军可夺气之法：‘朝气锐，昼气惰，暮气归；善用兵者，避其锐气，击其惰归。’[①]如何？”

靖曰：“夫含生禀血[②]，鼓作斗争，虽死不省者，气使然也。故用兵之法，必先察吾士众，激吾胜气，乃可以击敌焉。吴起‘四机’[③]，以气机为上，无他道也，能使人人自斗，则其锐莫当。所谓朝气锐者，非限时刻而言也，举一日始末为喻也。凡三鼓而敌不衰不竭，则安能必使之惰归哉？盖学者徒诵空文，而为敌所诱，苟悟夺之之理，则兵可任矣。”

［注释］

①“朝气锐……击其惰归”句：语出《孙子·军争篇》。②含生禀血：指一切有生命、有血性的动物。禀血，禀受于上天的血气。③四机：语出《吴子·论将》，指气机、地机、事机、力机。其中，气机即指将帅的坚毅、勇敢与否，影响全军的士气。

［译文］

唐太宗说：“《孙子兵法》说挫伤三军士气的方法：‘开始时，士气正处在旺盛阶段，进行过程中就逐渐变得怠惰，到了即将结束时，士气就会变得衰竭。善于用兵的人，会避开对方的锐气，在对方气衰时发起进攻。’这怎么讲呢？”

李靖说：“所有生存在天地间的有气血的生灵，一旦被鼓舞起来去参加战斗，至死也不会省悟，这都是血气所导致的。所以指挥军队的方法，一定要先考察我方的将士们，激发我军取胜的士气，这才可以去攻击敌人。吴起所说的‘四机’，之所以以‘气机’为最重要，不是别的道理，只要能够使每个人都自觉自愿战斗，那就锐不可当。所谓开始时士气旺盛，不是根据时间的变化而说的，而是举一天的始终为例子。如果三次战鼓后，敌方士气不衰不竭，那怎样才能使敌方一定会出现惰归呢？大概有些学习兵法的人，只知道空读兵法，结果被敌人诱惑蒙骗所致。一旦领悟了战胜敌人的道理，那么就可以将军队交给他了。”

太宗曰：“卿尝言李勣能兵法，久可用否？然非朕控御，则不可用也，他日太子治[①]若何御之？”

靖曰：“为陛下计，莫若黜勣，令太子复用之，则必感恩图报，于理何损乎？”

太宗曰："善！朕无疑矣。"

太宗曰："李勣若与长孙无忌[②]共掌国政，他日如何？"

靖曰："勣，忠义之臣，可保任也。无忌佐命大功，陛下以肺腑之亲，委之辅相，然外貌下士，内实嫉贤。故尉迟敬德[③]面折其短，遂引退焉；侯君集[④]恨其忘旧，因以犯逆，皆无忌致其然也。陛下询及臣，臣不敢避其说。"

太宗曰："勿泄也，朕思其处置。"

［注释］

①太子治：唐太宗第九子，名治，字为善，初封晋王，643 年立为太子，650 年即位，庙号高宗。②长孙无忌（？—659）：唐朝初期大臣，法律家。唐太宗长孙皇后之兄，曾助李世民发动玄武门之变，夺取帝位，以皇亲及元勋之功，历任要职，并受命辅立高宗。后为唐高宗所逐，自缢而死。③尉迟敬德（585—658）：唐初大将，太宗时历任泾州道行军总管、襄州都督等职，封鄂国公。④侯君集（？—643）：唐初大将，太宗时历任右卫大将军、兵部尚书等职。后与承乾太子谋反，被杀。

［译文］

唐太宗说："你曾经说过李勣通晓兵法，以后可以长期任用吗？然而如果不是朕来驾御控制，那么他大概就不可用了。以后，太子李治如何控制他呢？"

李靖说："为陛下着想，不如贬降李勣，让太子再起用他，那么他一定会感恩图报，这在道理上也没什么不妥吧。"

唐太宗说："很对！朕没有什么疑虑了。"

唐太宗说："李勣如果与长孙无忌共同掌管国家政事，以后会怎么样？"

李靖说："李勣是忠义之臣，这可以担保。长孙无忌有辅佐陛下创立大业的功劳，陛下把他视为肺腑之亲，任命他为辅佐国政的宰相。然而，他表面上恭谦下士，内心实际上嫉贤妒能。所以，尉迟敬德当面指责他的缺点之后，很快便被迫引退了。侯君集恨他忘记旧情，因此谋反，这些都是因为长孙无忌所导致的。陛下询问到臣，臣不敢回避这些情况。”

唐太宗说：“不要向外泄露这些情况，朕慢慢想办法处理。”

太宗曰：“汉高祖能将将，其后韩、彭见诛[①]，萧何[②]下狱，何故如此？”

靖曰：“臣观刘、项[③]皆非将将之君。当秦之亡也，张良本为韩报仇，陈平[④]、韩信皆怨楚不用，故假汉之势，自为奋尔。至于萧、曹、樊、灌[⑤]，悉由亡命，高祖因之以得天下。设使六国之后复立，人人各怀其旧，则虽有能将将之才，岂为汉用哉？臣谓汉得天下，由张良借箸之谋[⑥]，萧何漕挽之功[⑦]也。以此言之，韩、彭见诛，范增[⑧]不用，其事同也。臣故谓刘、项皆非将将之君。”

太宗曰：“光武中兴，能保全功臣，不任以吏事，此则善于将将乎？”

靖曰：“光武虽藉前构[⑨]，易于成功，然莽势不下于项籍，寇、邓[⑩]未越于萧、张，独能推赤心，用柔治，保全功臣，贤于高祖远矣！以此论将将之道，臣谓光武得之。”

[注释]

①韩、彭见诛：韩，即韩信。彭，即彭越（？—前196），字仲，昌邑人，汉初诸侯王。早年为盗，秦末聚众起兵，后归刘邦，助刘争天下。汉初封梁王，后为刘邦所杀。②萧何（？—前193）：汉初政治家，与刘邦同乡，并相友善，曾为沛县小吏，后随刘邦起义，对西汉王朝贡献甚大，后为汉相国。高祖十二年（前195），因奏请开放上林苑为耕地，触怒刘邦，被下狱。③项：即项羽（前232—前202），秦末农民起义领袖。灭秦后自称西楚霸王。为人刚愎自用，不听忠言，后兵败自杀于乌江。④陈平（？—前178）：汉初政治家。

先从项羽破秦，后归刘邦，屡献奇谋，并用反间计使项羽不用谋士范增。刘邦称帝后封陈平为曲逆侯。⑤萧、曹、樊、灌：萧，即萧何。曹，即曹参（？—前190），汉初政治家、军事家，曾为沛县狱吏，随刘邦起义后，屡建战功，汉朝建立后封平阳侯，任齐相九年，被称为贤相。樊，即樊哙（？—前189），汉初大臣，出身微贱，随刘邦起义后，战功卓著，汉朝建立后，又多次助刘邦平定叛乱。封舞阳侯，为左丞相。灌，即灌婴（？—前176），助刘邦夺天下有功，初封颍阴侯，任车骑将军。⑥张良借箸之谋：刘邦与项羽争天下时，有人劝刘邦复立六国后代，孤立项羽。刘邦在吃饭时向张良请教，张良借用刘邦的箸（筷子）比画着说，如果恢复六国，则天下游士各归其主，谁还为你来争天下呢？刘邦恍然大悟，采纳了张良的建议。⑦萧何漕挽之功：楚汉相争中，刘邦多次失利，军粮与兵源均发生很大困难，由于萧何在关中安定后方，不断由水陆运送粮秣、壮丁支援前线，为刘邦最后打败项羽提供了物质保障。⑧范增（前227—前204）：项羽主要谋士，曾被项羽尊称为亚父。后项羽中刘邦反间计，怀疑范增，并削弱其权力，终使范增忿然离去，不久便发病身亡。⑨前构：前人成就的事业。⑩寇、邓：寇，即寇恂（？—36），字子翼。东汉初上谷昌平（今属北京）人，是帮助刘秀夺取天下的主要将领，后历任颍川、汝南太守，封雍奴侯。邓，即邓禹（2—58），字仲华。东汉初南阳新野（今河南新野南）人，是帮助刘秀夺取天下的功臣之一。刘秀称帝后，任大司徒，封酂侯，后改封为高密侯。

[译文]

唐太宗说："汉高祖是一位善于统率将领的君主，但后来韩信、彭越被诛杀，萧何被下狱，是什么原因使他这样呢？"

李靖说："臣认为刘邦、项羽都不是能统率将领的君王。当秦朝灭亡的时候，张良本来是想为韩国报仇，陈平、韩信都是怨恨楚霸王不重用自己，所以借汉王的势力，自愿为汉王卖命。至于萧何、曹参、樊哙、灌婴，都是些亡命之徒，汉高祖利用这些人的力量才得到了天下。假设六国的后代重新建立国家，每个人都怀念他们各自的故国，那么，即使有统率将领的才能，他们又岂能为汉所用呢？臣认为，汉王之所以能得天下，是因为有张良借箸之谋，萧何漕挽之功。从这方面来讲，韩信、彭越被诛杀，范增不被重用，这些事的性质都是相同的。所以臣说刘邦、项羽都不是能统率将领的君王。”

唐太宗说：“光武帝使汉朝帝业重新兴盛，能够保全有功之臣，不委任他们做官吏，这算是善于统率将领吧？”

李靖说：“光武帝虽然依靠着前人建立的基础，比较容易获得成功，然而当时王莽的势力并不在项羽之下，寇恂和邓禹的才能也未能超过萧何、曹参。光武帝只不过是能够以赤诚之心待人，用温和的方法来治理国家，从而保全了功臣，比汉高祖要贤明多了。如果以此来论统率将领的手段，臣认为光武帝掌握了正确的方法。”

太宗曰：“古者出师，命将斋三日，授之以钺，曰：‘从此至天，将军制之。’又授之以斧，曰：‘从此至地，将军制之。’又推其毂，曰：‘进退唯时。’既行，军中但闻将军之令，不闻君命。朕谓此礼久废，今欲与卿参定遣将之仪，如何？”

靖曰：“臣窃谓圣人制作，致斋于庙者，所以假威于神也；授斧钺而推其毂者，所以委寄以权也。今陛下每有出师，必与公卿议论，告庙而后遣，此则邀以神至矣；每有任将，必使之便宜从事，此则假以权重矣，何异于致斋推毂邪？尽合古礼，其义同焉，不须参定。”

上曰：“善！”

乃命近臣书此二事，为后世法。

［译文］

唐太宗说：“古时候军队出征，君王先命将领斋戒三日，然后授给他钺，说：‘从这里到天上，全部由将军管制。’又授给他斧说：‘从这里到地下，全部由将军管制。’又推一下他的车轮说：

‘无论是前进还是后退，都要因地因时制宜。’军队出发后，军中只听到将领的命令，而听不到君王的命令。朕认为这种礼仪已废弃很久了，现在想与你讨论参定派遣将领出征的仪式，怎么样？”

李靖说：“臣私下认为圣人们创立的制度，之所以要到神庙中去斋戒祭祀，是想借助神灵的力量；授给将领斧钺并推一下车轮，是委任给他权力罢了。现在陛下每次派兵出征，一定要先与臣属们讨论，并在神庙中祭祀后再派遣，这就是敬请神灵来保佑了。每次委任将领，一定要他能够自行处理事务，这就是赋予他重权了。这些与斋戒、推车又有什么不同呢？这完全合乎古代的礼仪，含义完全相同，没有必要再讨论制订了。”

皇上（太宗）说：“很好！”

于是命令侍臣记下这两件事作为后世的准则。

太宗曰：“阴阳术数，废之可乎？”

靖曰：“不可。兵者，诡道也，托之以阴阳术数，则使贪使愚，兹不可废也。”

太宗曰：“卿尝言，天官时日，明将不法，暗将拘之，废亦宜然。”

靖曰：“昔纣以甲子日亡，武王以甲子日兴。天官时日，甲子一也，殷乱周兴，兴亡异焉。又宋武帝[①]以往亡日[②]起兵，军吏以为不可。帝曰‘我往彼亡’，果克之。由此言之，可废明矣。然而田单[③]为燕所围，单命一人为神，拜而祠之，神言‘燕可破’。单于是以火牛出击燕，大破之。此是兵家诡道。天官时日，亦犹此也。”

太宗曰：“田单托神怪而破燕，太公焚蓍龟[④]而灭纣，二事相反，何也？”

靖曰：“其机一也，或逆而取之，或顺而行之是也。昔太公佐武王，至牧野遇雷雨，旗鼓毁折，散宜生欲卜吉而后行。此则因军中疑惧，必假卜以问神焉。太公以谓腐草枯骨无足问，且以臣伐君，岂可再乎？然观散宜生[⑤]发机于前，太公成机于后，逆顺虽异，其理致则同。臣前所谓术数不可废者，盖存其机于未萌也。及其成功，在人事而已。”

[注释]

①宋武帝：即刘裕（356—422），字德舆，南朝宋的建立者。任东晋将领时，曾于410年二月率军讨伐南燕。他确定在丁亥日攻城，有人对他说丁亥日是“往亡日”，不利出兵。他却说：“我往彼亡，何为不利？”遂四面急攻，掳南燕王慕容超，大胜而还。②往亡日：不祥的日子，也称天门日。古人迷信，认为“往者去也，亡者无也。其日忌拜官上任、远行归家、出军征讨、婚娶寻医”。农历一年中，各月均有往亡日，从正月起，依次在寅、巳、申、亥、卯、午、酉、子、辰、未、戌、丑各日。③田单：战国时齐将，临淄人。燕将乐毅破齐时，田单坚守即墨孤城，并使用反间计使燕惠王以骑劫代替乐毅为将。趁燕军状况混乱时，以火牛阵猛冲燕军，斩敌主将，大败燕军，收复失地。④蓍龟：占卜用具。蓍，蓍草。龟，龟壳。⑤散宜生：西周初年大臣，曾助周武王灭商。

[译文]

唐太宗说：“阴阳术数，废除它可以吗？”

李靖说：“不可以。用兵本来就是一种诡诈的事情，借助于阴阳术数能使将士们变得贪婪、愚昧，从而易于利用。所以不可废除。”

唐太宗说：“你曾经说过，对于天官时日，明白事理的将领不拘泥于它，愚昧的将领则受它限制。废除它不也是应该的吗？”

李靖说：“过去商纣王在甲子日亡国，而周武王在甲子日兴国。天官时日，甲子日是一样的，但是殷商灭亡，周朝兴起，兴亡各有不同。再者，宋武帝准备在往亡日起兵，军官们认为不可行。宋武帝说‘我去了它就灭亡’，果然击败了南燕。从这些来说，废除天官时日是明显可行的了。然而，田单被燕军围困，田单命令一人假装为神，让众人向他拜祭并供奉起来。神说‘燕可以击破’，田单于是用火牛阵向燕军发起攻击，大败燕军。这就是兵家的诡诈手段，天官时日也和这一样。”

唐太宗说：“田单假托神怪而击败燕军，太公烧蓍草龟甲而灭亡商朝，两人行事方式相反，而结果却相同，这是为什么呢？”

李靖说：“其道理是一样的。或制造机会获得胜利，或利用机会获得胜利。当年，姜太公辅佐周武王伐纣时，到达牧野遇上雷雨，军旗和战鼓都毁坏了。散宜生想占卜是否吉利后再决定行动计划。这是因为军队中间有了疑虑和恐惧的情绪，一定要借助占卜来向神请教。姜太公认为，腐草枯骨不值得请教，况且作为臣子的武王去讨伐作为天子的纣王，只能一举成功，岂能下次再来？散宜生提供了借助神灵的机会于前，姜太公完成了焚烧蓍龟的计谋于后，形式虽然不同，其道理却是相同的。臣在前面所说的术数不能废除，就是要在行事前提供一个机会，至于能否成功，就依靠人的努力了。”

太宗曰：“当今将帅，唯李勣、道宗、薛万彻，除道宗以亲属外，孰堪大用？”

靖曰：“陛下尝言勣、道宗用兵，不大胜亦不大败；万彻若不大胜，即须大败。臣愚思圣言，不求大胜亦不求大败者，节制之兵也；或大胜或大败者，幸而成功者也。故孙武云：‘善战者，立于不败之地，而不失敌之败也。’①节制在我云尔。”

［注释］

①“善战者……而不失敌之败也”句：语出《孙子·形篇》。

［译文］

唐太宗说：“当今的将帅，只有李勣、李道宗、薛万彻，除了道宗是皇室宗亲外，谁可以派上大用场？”

李靖说：“陛下曾说过，李勣、李道宗指挥军队，不大胜也不大败，而万彻如果不取得大的胜利，必将遭到大的失败。愚昧的臣下思考陛下所说的话，不追求大胜也不会遭到大败的军队，是管理有方的节制之师；不是取得大胜便是遭到大败的军队，是依靠侥幸获得成功的军队。所以孙武说：‘善于指挥作战的人，先立于不败之地，但也不放过使敌人失败的机会。’军队节制与否是由我方来决定的。”

太宗曰：“两阵相临，欲言不战，安可得乎？”

靖曰：“昔秦师伐晋，交绥而退[①]。《司马法》曰：‘逐奔不远，纵绥不及。’[②]臣谓绥者，御辔之索也。我兵既有节制，彼敌亦正行伍，岂敢轻战哉？故有出尔交绥，退而不逐，各防其失败者。孙武云：‘勿击堂堂之阵，无邀正正之旗。’[③]若两阵体均势等，苟一轻肆，为其所乘，则或大败，理使然也，是敌兵有不战，有必战。夫不战者在我，必战者在敌。”

太宗曰：“不战在我，何谓也？”

靖曰：“孙武云：‘我不欲战者，划地而守之；敌不得与我战者，乖其所之也。’[④]敌有人焉，则交绥之间未可图也，故曰不战在我。夫必战在敌者，孙武云：‘善动敌者，形之，敌必从之；予之，敌必取之；以利动之，以本待之。’[⑤]敌无人焉，则必来战，吾得以乘而破之。故曰，必战者在敌。”

太宗曰：“深乎，节制之兵！得其法则昌，失其法则亡。卿为纂述历代善于节制者，具图来上，朕当择其精微，垂于后世。”

靖曰：“臣前所进黄帝、太公二阵图，并《司马法》、诸葛亮奇正之法，此已精悉。历代名将，用其一二而成功者亦众矣。但史官鲜克知兵，不能纪其实迹焉。臣敢不奉诏，当纂述以闻。”

［注释］

①秦师伐晋，交绥而退：典出《左传·文公十二年》。绥，武士登车时手拉的绳索。交绥，指敌对双方军队刚接触即各自撤退。②逐奔不远，纵绥不及：语出《司马法·天子之义》。③勿击堂堂之阵，无邀正正之旗：语出《孙子·军争篇》。④“我不欲战者……乖其所之也”句：语出《孙子·虚实篇》。⑤“善动敌者……以本待之”句：语出《孙子·势篇》。

［译文］

唐太宗说：“两军列阵相对，要想不与对方交战，怎么才能做到呢？”

李靖说：“从前秦国军队征伐晋国时，两军刚一接触便都退却了。《司马法》上说：‘追击逃兵时不要追得太远，追逐退兵时不要靠得太近。’臣认为，绥就是君王御驾的缰绳。我军既然有严格的管制，敌方也是齐整的军队，怎么能轻易展开战斗呢？所以才有军队出发后，一接触便后退，对于退军也不追逐的事，因为各自要防止被对方打败。孙武说：‘不要进攻阵容整齐的军队，不要拦截旗帜整齐的军队。’如果两军势均力敌，一旦一方轻举妄动，为对方创造了可乘之机，就可能导致大败，这是理所当然的。所以，军队有不战，有必战，不战是由己方决定的，而必战是根据敌方的情况而定的。”

唐太宗说：“不战是根据我方情况来决定的，这怎么讲？”

李靖说：“孙武说：‘我不想与敌方作战时，便划出地盘进行防守。而敌方不能与我战的原因，是因为我方的牵制，改变了其进攻的方向。’如果敌方有善于指挥作战的人，双方一接触敌军便后退时是不能去图谋攻击他的，所以说不战是根据我方的情况来决定的。至于必战是根据敌方的情况来决定的说法，孙武说：‘善于调动敌人的人，以假阵容展示给敌人，敌人一定会随之而动。给他一些好处，敌人一定会来夺取。用小利来调动敌人，用主力军来对付敌人的到来。’敌方没有善于指挥作战的人时，一定会前来作战，我方就可以乘机击败他，所以说必战是根敌方的情况来决定的。”

唐太宗说：“管理军队的方法真深奥啊！掌握了这些方法就会昌盛，不得要领就会灭亡。你将历代善于管理军队的事迹编纂成书，连同阵图一起呈送上来，朕将选择其中的精华部分，传于后世。”

李靖说：“臣以前所呈上的黄帝、太公二阵图，以及《司马法》、诸葛亮奇正之法，这些都已经很精细、全面了。历代名将，只用其中的一二成便取得成功的已有很多人了。但史官很少懂得兵法的，所以不能详尽地记下他们的事迹，臣怎敢不遵奉君命，自当编纂好供皇上御览。”

太宗曰：“兵法孰为最深者？”

靖曰：“臣尝分为三等，使学者当渐而至焉。一曰道[①]，二曰天地，三曰将法。夫道之说，至微至深，《易》所谓聪明睿智神武而不杀[②]者是也。夫天之说阴阳，地之说险易。善用兵者，能以阴夺阳，以险攻易，孟子所谓天时地利者是也。夫将法之说，在乎任人利器，《三略》所谓得士者昌，管仲所谓器必坚利是也。”

太宗曰：“然。吾谓不战而屈人之兵者上也，百战百胜者中也，深沟高垒以自守者下也。以是较量，孙武著书，三等皆具焉。”

靖曰：“观其文，迹其事，亦可差别矣。若张良、范蠡、孙武脱然高引，不知所往，此非知道，安能尔乎？若乐毅、管仲、诸葛亮，战必胜，守必固，此非察天时地利，安能尔乎？其次王猛之保秦，谢安[3]之守晋，非任将择才，缮完自固，安能尔乎？故习兵之学，必先由下以及中，由中以及上，则渐而深矣。不然，则垂空言，徒记诵，无足取也。”

太宗曰：“道家忌三世为将者，不可妄传也，不可不传也。卿其慎之！”

靖再拜出，尽传其书与李勣。

［注释］

①道：规律，法则。此处可理解为人事兴衰成败的道理。②聪明睿智神武而不杀：语出《周易·系辞上》。聪，无所不闻；明，无所不见；睿，无所不通；智，无所不知；神，变化莫测；武，勘定祸乱；不杀，不假借刑威以定天下。③谢安（320—385）：东晋政治家，字安石，陈郡阳夏（今河南太康）人。孝武帝时官至宰相。383 年，苻坚率军南下攻晋，江东大震。谢安命谢石、谢玄率八万晋军拒敌，大败前秦军于淝水，并一鼓作气收复了洛阳及青、兖、徐、豫各州。

［译文］

唐太宗说：“兵法中哪家最为深奥？”

李靖说：“臣曾经把兵法分为三个等级，能使学习的人循序渐进而达到目的。一等为道，二等为法天地，三等为将法。所谓的道，最为精细，最为微妙。《周易》上所说的‘聪明、睿智、圣武的人不使用军队等刑杀手段就能达到目的’，就是这种。天，所讲的是天象阴阳的道理；地，所讲的是地形地貌的险峻与平坦。善于指挥军队作战的人，能够用阴来战胜阳，用险而战胜易。孟子所说的天时地利讲的就是这种情况。所谓的将法，是对任用人才和使用战守器械而言的。《三略》中所说的得到有才能的人就昌盛，管仲所说的兵器一定要尖利，就是这个意思。”

唐太宗说：“很对。我称那些不通过战争就能使敌军屈服的人是上等的将领，百战百胜的人是中等的将领，深挖沟高筑垒以自守防卫的人为下等的将领。以此来比较，孙武所著的书中，三等人都已经具备了。”

李靖说：“读他们的著述，看他们的事迹，也可分出等次来。像张良、范蠡、孙武，超脱高引，不知所往，这如果不是达到了用兵的最高境界，怎么能够做到呢？像乐毅、管仲、诸葛亮，战必得胜，守必坚固，这如果不是善于体察天时地利，怎么能达到呢？其次，像王猛保卫前秦，谢安守卫东晋，如果不能任用将领，挑选人才，修治完善城池，怎么能做得到呢？所以，学习兵法，一定要先由下而到达中，再由中而到达上，逐渐由浅入深。不然，就只能留下空言，只会死记硬背，没有什么可取之处。”

唐太宗说：“道家忌讳一家三代都做将领，因为兵法不可任意传授，又不可不传授，你对此要慎重考虑。”

李靖拜了两拜后退出，将他的兵书全部传给了李勣。